JN071204

新3観点

保護者の信頼を得る

通知表所見の書き方＆文例集

小学校
中学年

田中耕治 編著

日本標準

はじめに

本来，通知表とは，学校と家庭との連絡を行う数ある方法のひとつであり，教師と保護者が共同して，子どもたちの学習と生きる力を励ます共通の広場を提供するものです。そのために，通知表には狭義の学習記録だけでなく，「総合所見」欄や生活状況に関する項目も設定されています。

学習の記録欄においては，今般の学習指導要領がめざそうとしている「資質・能力の３本柱（「知識及び技能」「思考力，判断力，表現力等」「学びに向かう力，人間性等」）」に則して，新指導要録においては，３観点（「知識・技能」「思考・判断・表現」「主体的に学習に取り組む態度」）に整理されました。そして，学習評価は，引き続き，すべての子どもたちの学力の保障をめざす「目標に準拠した評価」で実施すべきとされています。

他方，「所見」欄は「個人内評価」を実施することが求められ，子どもたちの学習集団や生活集団における姿を全体的・発達的に生き生きと記述する必要があります。「目標に準拠した評価」には示しきれなかった子どものがんばりや魅力も記述することが大切になります。そこには，教師の子どもたちへの成長や発達の願いが込められることになります。

本書で示される所見の「書き方」や「文例」を参考にして，また工夫をこらして，子どもたちの学習と生きる力を励ますメッセージになることを期待します。

2020 年 6 月

田中耕治

目 次

第7章　特別活動

第8章　学校生活の様子

第1章

新3観点評価と通知表所見のあり方

1. 資質・能力ベースになった学習指導要領で求められていること
2. 新3観点による評価のあり方
3. 通知表のあり方と所見の記入

1. 資質・能力ベースになった学習指導要領で求められていること

周知のように，学校教育において「資質・能力」という言葉が多用され始めるのは，PISA2003年実施の調査結果を受けて，とりわけ「読解力不振（OECD平均程度）」が注視され始めた頃です。この結果に危機感をもった文部科学省によるPISA型読解力向上プログラム政策が功を奏したのでしょうか，PISA型読解力の順位は，14位（2003年）→15位（2006年）→8位（2009年）→4位（2012年）→8位（2015年）となり，V字回復を果たしました。しかしながら，直近の2018年に実施されたPISA調査では，15位となり，全国紙の一面トップで「読解力続落（『朝日新聞』2019年12月4日付）」「読解力急落（『毎日新聞』『読売新聞』2019年12月4日付）」という言葉が躍りました。

さて，そもそもPISA型読解力とはどのようなものでしょうか。2005年12月に文部科学省から発出された「読解力向上プログラム」には，その特徴が傍線（波線は筆者加筆）を付して以下のように的確に規定されています[(1)]。

①テキストに書かれた「情報の取り出し」だけではなく，「理解・評価」（解釈・熟考）も含んでいること。

②テキストをたんに「読む」だけではなく，テキストを利用したり，テキストに基づいて自分の意見を論じたりするなどの「活用」も含んでいること。

③テキストの「内容」だけではなく，構造・形式や表現法も，評価すべき対象となること。

④テキストには，文学的文章や説明的文章などの「連続型テキスト」だけではなく，図，グラフ，表などの「非連続型テキスト」を含んでいること。

①②の傍線にあるように，従来のように「情報の取り出し」や「読む」だけではなく，「理解・評価（解釈・熟考）」や「活用」も含むとされ，PISA型読解力（広くリテラシーと呼称）は一般に「活用力」と称されるようになります。ただし，波線で示した「だけではなく」と表現されているように，従来の読解力指導を全否定するものではないことに注意しておきたいと思います。

PISA型読解力とは，「情報の取り出し」「解釈（後に「理解する」と変更）」「熟考・評価」の3要素で構成され，とりわけ，PISA型読解力の典型とされる「熟考・評価」とは，テキストの内容とともに形式であって，読み手に外部の知識を使って，テキストへの賛否について根拠を明確にして批評するように求める，まさしく質の高い学力です。この「熟考・評価」を試すテスト問題が，PISA2000で採用された「贈り物」問題であって，それを参考に作成されたのが2007年度に実施された全国学力・学習状況調査「中学校国語B」における「蜘蛛の糸」です。以下，要約的に示してみましょう（表1参照）。

表1　学力調査における問いの比較

PISA2000における「贈り物」問題	2007年度全国学力・学習状況調査「中学校国語B」における「蜘蛛の糸」問題
「贈り物」の最後の文が，このような文で終わるのは適切だと思いますか。最後の文が物語の内容とどのように関連しているかを示して，あなたの答えを説明してください。	中学生の中山さんと木村さんは，以前に読んだ「蜘蛛の糸」は，「三」の場面が省略されていたことを思い出しました。［中略］あなたは，中山さん（省略なし賛成），木村さん（省略なし反対）のどちらの考えに賛成しますか。どちらか一人を選び，［中略］あなたがそのように考える理由を書きなさい。

出典：国立教育政策研究所監訳『PISAの問題できるかな？－OECD生徒の学習到達度調査』明石書店，2010年，および国立教育政策研究所教育課程研究センター「全国学力・学習状況調査」（http://www.nier.go.jp/tyousa/07mondai_chuu_kokugo_b.pdf　2020年6月1日確認）より作成。

このようにみてくると，PISAで求められている学力の質は，かなり高度なものと考えてよいでしょう。このことを念頭に，さらには国際的な学習科学の成果を反映して，国立教育政策研究所が2015年に，今後の学力モデルとして「21世紀型能力」と呼称し，それを3層〈基礎力，思考力，実践力〉として構造化しました[(2)]。この方向性をブラッシュアップした形で，2017年改訂の学習指導要領においては，「生きて働く知識・技能の習得」「思考力・判断力・表現力等の育成」「学びに向かう力・人間性等の涵養」の3つの柱で教育目標を示し，授業と評価のあり方を方向づけたのです（図1）。このような動向は「資質・能力（コンピテンシー）・ベース」な改革と総称されます。

図1　学習指導要領改訂の方向性

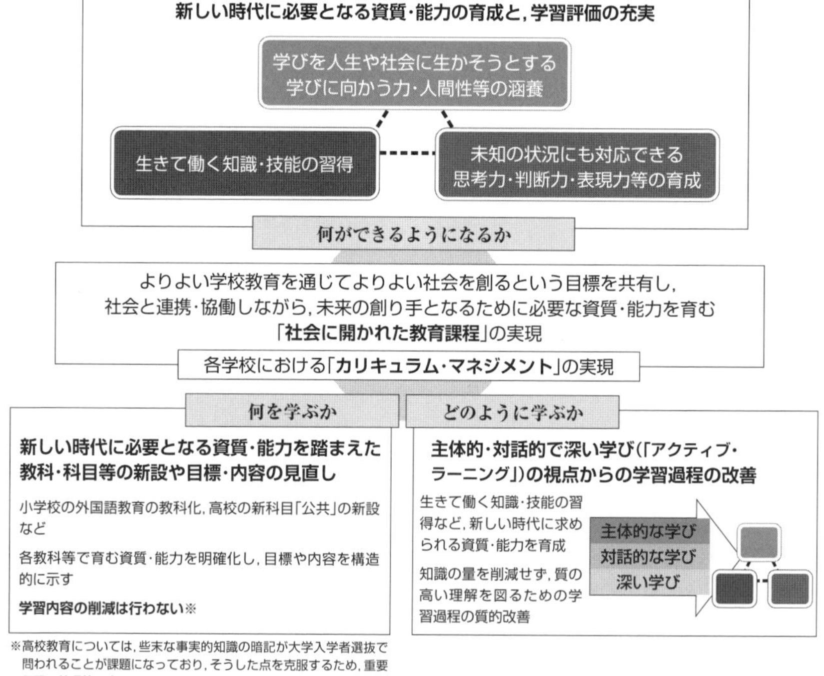

出典：平成29年度 小・中学校新教育課程説明会（中央説明会）における文部科学省説明資料（https://www.mext.go.jp/a_menu/shotou/new-cs/__icsFiles/afieldfile/2017/09/28/1396716_1.pdf　2020年6月1日確認）より作成。

2. 新３観点による評価のあり方

1 新３観点と評価の基本構造

以上のように，2017 年改訂の学習指導要領において，めざすべき「資質・能力」が３つの柱で示されることになりました。この改訂を受けて，指導要録の公的文書として，2019 年１月に「児童生徒の学習評価の在り方について（報告）」が公表され，３月に「小学校，中学校，高等学校及び特別支援学校等における児童生徒の学習評価及び指導要録の改善等について（通知）」が発出されました[(3)]。そこでは，従来の観点別学習評価の４つの観点（「知識・理解」「技能」「思考・判断・表現」「関心・意欲・態度」）が，「資質・能力」の３つの柱に対応して，３つの観点（「知識・技能」「思考・判断・表現」「主体的に学習に取り組む態度」）に整理されています。

そもそも，観点別学習評価でいう「観点」とは，従来から教育方法学で探究されてきた学力モデルの要素にあたり，学力の能力的側面を示すものです。アメリカにおいては，ブルーム（Bloom, B. S.）たちが開発した「教育目標の分類学（タキソノミー）」に該当するでしょう。たとえば,「三権分立」という教育内容を教えた場合，子どもたちにどのような能力や行動を期待するのかを明示しようとするものです。たとえば，「三権の名前を暗記する」（「知識・技能」）レベルから「三権分立がなかった時代はどのような時代かを考え，発表する」（「思考・判断・表現」）レベルまであるでしょう。この観点別学習評価は，2000 年の改訂指導要録において，学力保障をめざす「目標に準拠した評価」が全面的に採用されたことによって注目されるようになったものです。まずは，国立教育政策研究所が，この度の指導要録における学習評価の基本構造を明確に示している図２を示しておきましょう。

図２　学習評価の基本構造

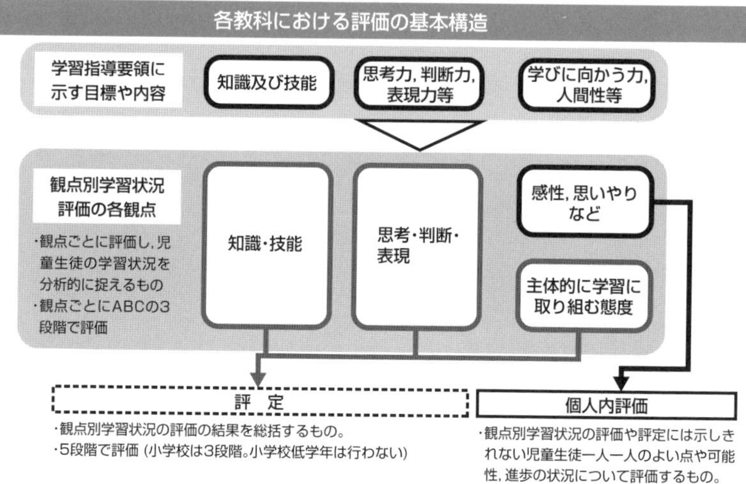

（注）各教科における評価は，学習指導要領に示す各教科の目標や内容に照らして学習状況を評価するもの（目標準拠評価）。したがって，目標準拠評価は，集団内での相対的な位置付けを評価するいわゆる相対評価とは異なる。

出典：国立教育政策研究所『学習評価の在り方ハンドブック小・中学校編』2019年，p. 6より作成。

2　多様な評価方法と評価計画

ところで，2000年に観点別学習評価が注目されるようになったにもかかわらず，教育現場においては必ずしも所期の目的を達していないという実情があります(4)。その理由は多岐にわたると思われますが，その大きな要因のひとつは，めざすべき学力や教育目標に対応する評価方法（カリキュラム適合性，図3参照）の開発が遅れていることにあるでしょう。「知識・技能」を再生するのみのペーパーテストに依存するだけでは，「思考・判断・表現」を求める探究型の授業展開には対応できません。子どもたちにとっても，「知識・技能」を中心とするペーパーテストのみを課されるとなると，探究型の授業自体を否定することにもなりかねません。紙幅の制約で具体例を省略しますが，「思考・判断・表現」を評価する方法として，最近パフォーマンス評価の研究や開発が進みつつあります。また，「主体的に学習に取り組む態度」を評価する方法として，あらためてポート

図３　学力評価の方法

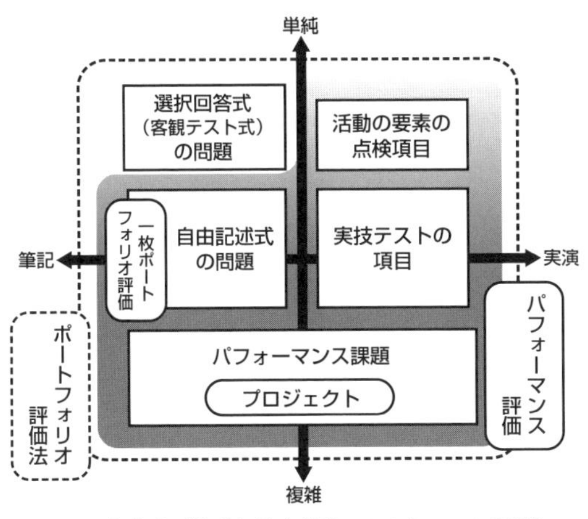

出典：西岡加名恵『教科と総合学習のカリキュラム設計』図書文化，2016年より作成（一部省略）。

フォリオ評価が注目されています。さらには，パフォーマンス評価やポートフォリオ評価の信頼性を確保するために，ルーブリック（評価指標）が教師たちのモデレーションによって開発されています[(5)]。

このように３観点を多様な評価法ではかることになると，教育現場では，ある種の「評価疲れ」に陥るのではないかという危惧が生まれることでしょう。もとより，１時間の授業で３観点すべてを評価する必要はありません。明らかに３観点の波長は異なり，おそらく１単元（または１題材）単位で評価することが求められるでしょう。このように長期波動で観点をさまざまな評価方法を駆使して評価することになると，やはり授業計画とともに評価計画を立てる必要があります。

この評価計画を立てるに際して，貴重な提案を行っているのは，ウィギンズ（Wiggins, G.）が創発した「逆向き設計」論です。「逆向き設計」とは，以下のような要素と順序によってカリキュラムを設計することです。

〈逆向きの設計のプロセス〉

「求めている結果を明確にする」（教育目標の明確化）

↓

「承認できる証拠を決定する」（評価方法の選択・開発）

↓

「学習経験と指導を計画する」（授業の計画）

この場合，「逆向き」と称されるのは，従来の慣行とは異なって，その設計プロセスがまずは「求めている結果を明確にする」と「承認できる証拠を決定する」を決めたうえで，「学習経験と指導を計画する」という，達成すべき成果とそれをはかる評価方法からカリキュラムを構想するからです。この「逆向き設計」論も日本の教育実践に貴重な示唆を与え，精力的に実践されるようになっています[6]。

3. 通知表のあり方と所見の記入

そもそも，通知表とは，学校と家庭との連絡を行う数ある方法（学級通信や家庭訪問など）のひとつであり，教師と保護者が共同して，子どもたちの学習と生きる力を励ますフォーラム（共通の広場）を提供するものです。そのために，通知表には狭義の学習記録だけでなく，「総合所見」欄や生活状況に関する項目も設定されています[7]。

とりわけ，「所見」欄は個人内評価を実施することが求められ，子どもたちの学習・生活集団場面での姿を全体的・発達的に記述・評価する必要があります。たとえ，目標に準拠した評価では振るわなかった子どもでも，その子どものがんばりや魅力も記述・評価することによって，それこそ子どもたちにとって学校は安全，安心な居場所となることが期待できるでしょう。

（田中耕治）

(1) 文部科学省『読解力向上に関する指導資料 PISA 調査（読解力）の結果分析と改善の方向』東洋館出版社，2006 年。
(2) 高口務〈国立教育政策研究所教育課程研究センター長〉『資質・能力を育成する教育課程のあり方に関する研究報告書 1』2015 年 3 月参照。
(3) 石井英真，西岡加名恵，田中耕治編著『小学校 新指導要録改訂のポイント』日本標準，2019 年参照。
(4) 文部科学省委託調査『学習指導と学習評価に対する意識調査報告書』浜銀総合研究所，2018 年 1 月参照。
(5) 西岡加名恵，石井英真編著『教科の「深い学び」を実現するパフォーマンス評価――「見方・考え方」をどう育てるか』日本標準，2019 年参照。
(6) 奥村好美，西岡加名恵編著『「逆向き設計」実践ガイドブック』日本標準，2020 年参照。
(7) 田中耕治『教育評価』岩波書店，2008 年の第 6 章参照。

第2章

中学年の所見の書き方とポイント

1 中学年の所見の書き方とポイント

1 所見に書く事柄

(1) 説明責任と学期・学年の学習状況

「うちの子は，学期（学年）に，学校でどんな学力を身につけ，行動がどう成長したのか」――これが保護者の関心です。また，学校が保護者に対して負う責任です。通知表は保護者に対して，学校の責任で目標を立てて指導した成果を報告する文書です。保護者が子どもと一緒に学習・行動の進歩を確かめ，これからの学習への意欲と見通しをもつ手がかりになる資料でもあります。

通知表で伝えたい学習状況のとくに大事な点について，具体的な事実を短く表したものが所見です。該当する学期の学習・行動の，目標に照らしたまとめの評価で，最も向上・進歩したポイントを書くようにします。

(2) 学習・行動の目標に準拠した評価と所見

通知表の「観点別学習状況」欄や「評定」欄は，目標にどれだけ達したかを，目標に準拠した評価によって短い言葉や記号，数字などで表しています。しかし，それらだけでは，学習に取り組んでいる子どもの姿は見えにくいのではないでしょうか。「観点別学習状況」欄や「評定」欄で伝えきれない子どもの様子を，所見が補って伝えるという関係があるのです。

学期（学年）で，子どもがいちばん伸びた教科や学習事項，行動の様子を取り上げて，所見に書くようにします。なぜかというと，子どもの最も向上した点を認めることが，評価のポイントだからです。

そうかといって，ただほめればよいのではありません。確かな評価を背景にした事実でなければなりません。教師も，子どもも，保護者も納得できる所見こそ，今後の子どもの成長にはたらくことになるのです。

2 補助簿の生かし方

ここでいう「補助簿」は，ペーパーテストの結果や子どもを観察した事実の記録だけでなく，週案，計画表とその実施記録，子どもの学習のファイル（ポートフォリオ）や作品など，評価に結びつく資料全体を指します。

これらを生かし，次の２点を押さえて所見を書くとよいでしょう。

(1) 漠然とした印象でなく，子どもの進歩した面をとらえる

記憶や印象によって，漠然と「積極的に話す子」「体育が苦手な子」などととらえてはいけません。その子が目標に到達した度合いをとらえるのです。その様子を補助簿にメモしておき，所見に生かします。

目標に準拠した評価では満足できない姿であっても，個人内評価で向上した面であれば，所見に取り上げる価値があります。

(2) 資料を生かした「課題」への対応を工夫する

ある子どもの学習状況が，教師の満足にかなり遠いことがあります。それが，学習・行動上の「課題」です。課題を所見に書くのは，ためらうでしょう。子どもが大人になっても残る通知表に，「だめでした」という言葉を書きたくないからです。そうかといって書かなければ，なぜ低い評価になったかの説明ができない――教師として悩むところです。

そんな場合，課題のある学習状況でも，個人内評価では「ここまではできた」という「よさ」が見つかるはずです。まず，その「よさ」を補助簿の記録からとらえます。

続いて，あともう少し進めばよかった学習目標を取り上げて，所見に組み入れます。さらに，その点について指導や支援をしていれば，そのことを書き添えるのです。このことにも，補助簿の記録が役立ちます。

以上のような方針で通知表の所見を書くということを，学期末の個人面談などで，保護者に理解してもらっておくのは，大事なことです。

3 所見の要素と組み立て

所見に何を書いたらよいかがはっきりしてきたら，次は実際にどう書くかということになります。所見をいくつか書いてみると，必要な要素と文の組み立て方に基本的なパターンがあることに気づきます。

(1) 向上した面だけを書く型

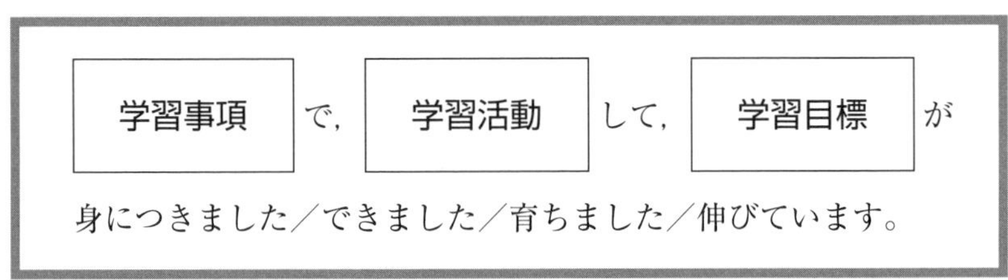

□で囲んだ言葉は，所見の要素です。要素をつなぐ言葉は，例示したものに限らず，文の意味がとおるように変えてください。

型を使って，下のように所見を作ることができます。

・学習事項……調べて考えたことを発表する学習で，

・学習活動……調べたことと考えたことを発表メモにまとめ，

・学習目標……自分の考えを筋道を立てて話すことができました。

「調べて考えたことを発表する学習で，調べたことと考えたことを発表メモにまとめ，自分の考えを筋道を立てて話すことができました。」

これは，評価規準に到達した事例を具体的に書いた所見です。こういう事例が，もっと広い意味のどんな学力の進歩につながっているのかを伝えたいときには，上の所見の前か後ろに，そういう意味の文を付け加えるとよいのです。たとえば，次の□のようにです。

「筋道を立てて話す力が向上しました。調べて考えたことを発表する学習で，調べたことと考えたことを発表メモにまとめ，自分の考えを筋道を立てて話すことができました。」

この表現は，進歩・向上した事実を具体化し，強調する意味を表します。

(2) 向上した面と不十分な面の両方を書く型

学習事項	で，	個人内評価では良好な学習目標，活動

ができました／しようとしました／しました。

まだ 少し 少々 やや	未到達な目標が	難しいよう 十分ではない もうひと息 できるとよい	なので， ので，

指導しました／助言しました／支援しました。

個人内評価で，目標に近い良好な面を初めに書き，目標に未到達な面を付け足すようにします。

「調べて考えたことを発表する学習で，調べたり考えたりしたことを発表メモにまとめることができました。まだ，自分の考えを筋道を立てて話すことが難しいようなので，その点を指導しました。」

この文例にある「指導しました」は，その子どもが書いた文章について，事後に指導していないと書けません。

子どもにとって，学期（学年）を通した学習の成果が問われるのが通知表です。受け取った保護者と子どもが，納得した気持ちで次のステップに向き合えるような所見を書きたいものです。

もし，今学期には間に合わないけれど，不十分な点を実際に指導，支援し，そのことを所見に書こうと考えるならば，たとえば，次のように書くとよいでしょう。終わりに書く言葉を下の［　］のように表すのです。

「調べて考えたことを発表する学習で，調べたり考えたりしたことを発表メモにまとめることができました。まだ，自分の考えを筋道を立てて話すことが難しいようなので，その点をさらに指導します。」

(3) 評価の観点ごとの言葉例

知識・技能	
・学習内容の理解	・学習の行い方
・関わりや様子の理解	・目的に応じたまとめ方
・きまりや性質への理解	・表現の仕方
・特色の理解	・豊かな感覚をもつこと
・実感を伴う理解	・資料を正しく効果的に活用すること
・働きの理解	・わざを身につけること

思考・判断・表現	
・筋道立てて考える力	・見通しをもって追究する力
・問題を見いだす力	・相互の関連や意味を考える力
・違いや共通点を考える力	・知識や技能を生かす力
・適切に選択・判断する力	・問題を解決する力
・根拠のある予想や仮説を発想し，表現する力	・目的に合った表現をする力
・見つけたり考えたりしたことを表現する力	・自分の考えを説明する力

主体的に学習に取り組む態度	
・進んで取り組もうとする意欲	・主体的に取り組む態度
・生活や学習に生かそうとする意欲	・最後まで努力する態度
・進んで考えようとする意欲	・友達と協働して取り組む態度
・取り組みへの興味・関心	・意欲的に調べようとする態度
・新しい表現方法への関心	・取り組みを振り返る態度
・学習する大切さへの気づき	・安全に気をつける態度

教科・領域によって評価の観点の趣旨には違いがあります。しかし，上にまとめた言葉をもとに，教科・領域に合った言葉に置き換えることで，さまざまな教科・領域について述べることができるはずです。

4 用字用語の留意点

(1)「正しい」用字用語

所見に限りません。学校が渡す文書は，「正しい」用字用語で書くことが大事です。「正しい」とは，「常用漢字表」「現代仮名遣い」「送り仮名のつけ方」や教科書の表記などに沿っているという意味です。こういう用語は，趣旨としては社会の人々を拘束するものではないし，許容もあります。ですが，子どもに指導する立場で言葉を選び，表記する必要があるわけです。所見を書くときに，国語辞典を手元に置くことをお勧めします。

たとえば，こんな点に注意します。「→」の右側が正しい表記です。

▲見出す→見いだす，心よい→快い，真面目→まじめ

・「常用漢字表」の漢字の使い方に沿うようにします。

・常用漢字表にある漢字を，ぜひとも使わなければならないというわけではありません。感じを和らげる，使い分けが難しいなどの理由で，仮名で書く場合があるのは当然です。

▲～のとうり→～のとおり，一つづつ→一つずつ

・「現代仮名遣い」に沿うようにします。

▲有難み→有り難み，行なう→行う

・「送り仮名の付け方」に沿うようにします。

▲ゴミ→ごみ，コツコツと→こつこつと（擬態語だから）

・片仮名を学習に沿って使うようにします。

・動植物名は原則として片仮名。教科書が平仮名表記ならそうします。

▲看護婦→看護師，伝染病→感染症

・公的に言い方を改めた言葉を使います。

また，当然のことですが，人権に関わる言葉などに十分注意します。

・差別感を感じさせる言葉…▲男（女）らしい　▲クラス一の人気者

・好悪や優劣を表す言葉……▲好感がもてます　▲友達がいやがる仕事

・相対評価のような言葉……▲一番早くできました　▲優れています

(2) 適切な表現・言い回し

所見を書く相手は保護者で，目的は学校教育への保護者の理解です。このことを押さえた表現・言い回しを工夫します。

どんな言い方をするとよいかを考えるために，不適切な例を挙げ，その理由と改善の方向を述べます。「→」で示した改善例は，ひとつの言い方です。所見の内容と文脈によって工夫してください。

▲～が上手でした。→的確に～することができました。

・「上手に」「立派に」「見事です」などは，それだけでは何をどう達成したのかがわかりません。具体的な評価規準の内容を押さえます。

▲～してくれました。／～してもらいました。→～しました。

・学習の一環としての行動，活動です。教師のためにしてあげたり，教師がしてもらったりしたように書かないほうがよいのです。

▲～しましょう。→（使わないようにします）

・子どもに何かを伝え，呼びかけるなら，直接話すか，通知表に子どもあてのメモか手紙を添えればよいでしょう。説明責任を果たす相手は保護者です。「しましょう」では，失礼な言い方になります。

▲お願いします。／～ようにしてください。→（使わないようにします）

・保護者に具体的な協力を求める必要があれば，所見ではなく相談の機会を設けて話し合うようにします。

▲～はできました。→～ができました。

・意図しないで「は」を使うと，それだけはできたけれど，そのほかはできていない，という意味にとられるおそれがあります。

▲～すれば，～になります。→～ように指導します。

・たとえば，「計算違いをなくせば，問題に正しく答えられます」のような所見です。「計算違いが見られるので，指導をしていきます」という所見と比べてみてください。

▲中心になって～しました。→（使わないようにします）

・目立つ活動だけでなく，併せて目標への到達状況を書くようにします。

5 「よい点」「不十分な点」のとらえ方

(1)「よい点」のとらえ方

「元気です」「手先が器用です」――こういう点は，性格か素質です。学習指導で向上した学力，行動とはいえません。印象だけで書くと，つい，こういう言葉を使いがちになります。

通知表の所見としては，「体育の学習を通して，進んで運動し，元気に生活する態度が育ちました」「図工の用具や楽器などを扱う体験を重ね，技能がいっそう向上しました」のように，その学期に学習指導によって伸びた点を書くことが望ましいのです。行動についての所見も，道徳科や特別活動などの学習を通して望ましく変容した点をとらえます。

(2)「不十分な点」のとらえ方

学期（学年）の学習・行動で，子どもの最も向上させたい点をとらえます。ある単元の学習で，主目標には到達しないが，もう少し指導を重ねれば向上すると考えられる点をとらえるのです。

学習は，単元が学期ごとに変わりますし，評価規準も変わります。所見に取り上げる「不十分な点」の事柄も変化します。

けれども，それは通知表の所見を待つまでもない事柄です。学期の指導の過程で，家庭と連絡をとっていると思います。仮に，学期末に課題として残ったなら，個人面談などで直接保護者と相談するようにします。

とくに，学校での集団活動としての特別活動，発達の障害や家庭環境などの影響も考慮すべき行動に対しては，所見のわずかな文で，どれほど保護者の理解と協力が得られるでしょうか。不十分な点については，所見でなく保護者との直接のコミュニケーションによって解決を図りましょう。また，そういう方針も，保護者に事前に伝え，理解してもらっておきます。本書では，不十分な点もこれからの目標として前向きにとらえることができるような表現にして△で表しています。参考にしてください。

6 知っておきたい中学年の特徴

(1) 発達段階と発達課題

体や心が向上し，能力が高まる過程が，子どもの発達です。それには段階があり，次の段階に移るために必要な体験が発達課題です。中学年では，たとえば次のような発達段階を考慮して所見を書くようにします。子どもの発達には個人差が大きいことも考える必要があります。

○学習や遊びで，仲間の意識で協力できるのは４～５人までです。

○具体的な物事について論理的に考えられ，抽象的な思考に進みます。

○親切，かっこいいなど，感じのよさで友達を選び，仲間をつくります。

○自律的になりはじめ，仲間の約束やきまりごとに価値を認めます。

○文，文章全体の意味の一貫性や合理性をとらえることができます。

○表面的なもので自分と他人を区別し，外界に関心と好奇心をもちます。

○低学年から続いて，運動の調整力が急激に向上します。

○機械的な（意味を考えない）記憶が得意です。

(2) 学習内容と評価規準の段階

学習指導要領の内容や教科書の教材は，子どもの発達段階を考慮して設定されています。通知表も学習指導要領の内容をもとにした，学校の教育課程に沿っているはずです。ですから，「観点別学習状況」欄や「評定」欄を補完する働きをもつ所見は，評価規準を押さえて，子どもを客観的にみて書かなければならないのです。

発達とその段階に個人差があるので，今はまだ評価規準に到達していなくても，指導を続けていけば，もう少し先に到達できる場合があるでしょう。進歩の途中なら「育っています」「伸びるはずです」，到達しているなら「身につきました」「できます」のように，文末で区別するような書き方も工夫のひとつといえます。

（矢島好日子）

2 管理職がみる所見のポイント

管理職は，基本的に子どもたちのことをいちばんよく理解している担任が書く所見の内容を尊重します。管理職がみるポイントは，所見がたんにある場面を切り取って書かれているのではなく，指導の結果として子どもが向上したことについて書かれているか，子どもや保護者の立場に立って子どものよい面を中心に書かれているかなどです（文の書き方や表現などについては本章の1を参考にしてください）。以下，そのポイントについて述べていきます。

1 教科学習について

所見は指導を通して子どもが向上した面を中心に，「目標に準拠した評価」に基づく「個人内評価」を書きます。たとえば，「○○の学習に熱心に取り組んで，○学期を過ごしました」というような表現では，何がどのように向上したのかわかりません。本書の文例にあるように，どのような場面で，どのような行動が見られ，どのように評価したかを具体的に書くことが大切です。

中学年の場合，保護者や子どもは低学年のときの通知表と見比べることがあるでしょう。低学年と比べて学習が難しくなってきたためか，評価が厳しいと感じる保護者や子どもがいるかもしれません。評価の観点や考え方について，学年通信や学年だよりなどで知らせておくようにします。

たとえば「理科の磁石の学習で，磁石につくものとつかないものを見つけるため，身近なものについて一つ一つ予想して調べ，その結果を整理して発表することができました。科学的な思考力，判断力，表現力が伸びています」のように，学習内容や評価の観点がよく伝わるように書くとよいでしょう。

2 評価と所見について

評価と所見が一致していることも大切です。たとえば，算数科の「主体的に学習に取り組む態度」が「もうすこし」の評価なのに，所見に「いつも積極的に手を挙げて発言しています」と書いてあったら，ちぐはぐな印象をもたれます。このような所見であれば，評価は「たいへんよい」か「よい」になるはずです。もし，評価が「もうすこし」であるなら「ここができていない」というような否定的な言葉ではなく，個人内評価としてその子どもの伸びた点を書くようにします。

たとえば，4年生の理科の「思考・判断・表現」で「もうすこし」の評価をつけたとき，個人内評価として，所見に次のように書いて今後につなげていくようにします。「物の温度と体積の学習で，空気は熱によって体積が増えるかどうかを実験したとき，手順はよかったのですが，体積が変わる様子が理解しにくかったようです。実験で確かめ，思考が深まるように指導していきます」。このように，子どもや保護者が学期中の成長を確かめ，次のステップへの意欲と見通しがもてるようにすることが大切です。

目標に準拠した評価を踏まえて，子どもや保護者に「このことができて，もっと勉強が楽しくなるように指導していきます」ということが伝わるような書き方にすると，担任への信頼につながります。

3 学校生活について

所見は教科学習等や道徳科のほか，学校生活全体に目を向け，特別活動や行動に関わって書く場合もあります。教科学習等や道徳科と同様に，子どもが向上した面が書かれていることがポイントになります。（道徳科の所見の書き方については，第4章を参照してください）

●友達関係

中学年になると，交友関係が広がり，多くの友達ができるという点で，保護者には低学年のころとは違った悩みが生じることもあります。そのような場合，友達との関わりのなかで，とくに思いやりや優しさが表れているような場面，友達と協力して何かに取り組んでいるような場面を書くと，保護者が安心感をもつことができるでしょう。

たとえば，行動（思いやり・協力）に関わって，「友達が学習用具をなくしたとき，一緒に探してあげるなど，さまざまな場面で困っている友達の手助けをしていました。人の気持ちを理解して，親切な行動をとる態度が育っています」のような書き方もあります。

●学校生活

3年生なら低学年に助言したり教えたりする行動，4年生なら低学年を自発的に支援する姿について書くこともできます。たとえば，縦割り活動など，特別活動（学級活動）と関わって，「縦割り清掃活動で，高学年と協力し，低学年の清掃を一緒に手伝うなど，学年の違う人たちと力を合わせて働くことができました」などの書き方です。

「朝の会」や「帰りの会」でも，子どもたちのよい面をたくさん見つけることができます。特別活動（学級活動）と関わって，「帰りの会で，友達のよいところについて発言していました。友達のよい面をたくさん見つけ，認めようとする態度が育っています」のような書き方もあります。

普段，保護者から見えにくい姿，たとえば休み時間に，子どもがどのような活動をし，向上しているのかについて書くこともできます。行動（健康・体力の向上）と関わって，「休み時間になると，よく外に出てなわとびの二重とびを練習し，できるようになりました。元気に外で運動する習慣が身につきました」などの書き方もあります。

このように，学期間の目標を踏まえ，子どもが成長・向上したことを取り上げて，具体的にわかるように書くことが求められます。管理職が所見をみるポイントと，担任が所見を書く意図が，「学校教育の成果を報告する」という点で一致していることが大切です。

（浅井正秀）

3 特別な支援が必要な子どもの所見の書き方とポイント

1 中学年における特別な支援の考え方

中学年になると，学習面では教科書教材の文字数が格段に増えるため，発達障害のなかでも，とくに読み書き障害のある子どもは漢字や単語の読みの困難度が高くなります。一斉指導での難しさを感じた場合には，その子どもの学習の様子を詳しく観察したり，習得状況を丁寧に分析したりしていくことが必要です。その結果，一斉指導のなかでの担任による配慮でよい場合もあれば，補習など別の支援を組み合わせたほうがよい場合もあります。

行動面に課題のある子どもの場合，中学年では休み時間の集団遊びに参加することが難しいなど，学級内での困難も目立ってきます。ルールや関係性理解の難しさによるのか，コミュニケーション力の問題なのか，運動能力によるのかなど，個々の要因を推定し，また本人の気持ちも聞き取って支援の手立てを考えます。

発達障害が考えられる場合は，必要に応じて学年担任会や校内委員会での検討のほかに専門家の助言を受けるなどして，個別の指導計画や個別の教育支援計画を作成します。

通級による指導や少人数指導などを受ける場合は，保護者とともに本人の希望をしっかりと聞いて開始します。通級で受ける指導計画とその評価には，担当者とともに担任も関わることで，学級での学習指導に活用することができます。

支援を要する程度はさまざまですが，読み書きの困難は早期に指導することで，つけられる力も大きくなります。教科書にルビをつける支援はずいぶん広まりましたが，読むことに労力を使って内容理解に至らないこともあります。デジタル教科書等の音声教材が使える場合は積極的に活用し，教室での学習理解につなげることが大切です。

2 特別な支援が必要な子どもの指導と評価

2017（平成29）年に改訂された学習指導要領では，幼稚園，小学校，中学校，高等学校すべての校種において，特別な配慮支援を必要とする子どもへの指導について記述されました。これは，特別支援教育に関する教育課程編成の基本的な考え方や個に応じた指導を充実させるための教育課程上の留意事項などが一体的にわかるよう，どの校種でも同様に示して充実を図ろうとするものです。

障害のある子どもについては，特別支援学校，特別支援学級，通級による指導を利用する場合は必ず個別の教育支援計画および個別の指導計画を作成することとなりました。通常の学級においても，通級による指導を受ける場合に限らず，発達障害をはじめ学びにくさのある子どもが在籍している場合には，その障害の特性を把握し，個に応じた支援の手立てを検討して，指導にあたることが大切になります。

学習指導要領の総則「児童の発達の支援」と併せ，各教科等の「指導計画の作成と内容の取扱い」には「障害のある児童などについては，学習活動を行う場合に生じる困難さに応じた指導内容や指導方法の工夫を計画的，組織的に行うこと」と示されています。

人数の多い通常の学級で個別の指導計画を作成することは，担任一人ではなかなか大変な作業になりがちですが，特別支援学校の巡回相談チームの活用や特別支援教育コーディネーター，校内委員会等のチーム支援を要請するなど，学校体制として支援が継続できるようにしていきます。

気づきの視点が多くても，すべてを目標に盛り込むと担任も子どもも疲れてしまいます。日々の授業で担任が意識でき，子ども自身が少し努力することで達成できる目標を焦点化して，スモールステップで実施できるようにします。子どもの学習意欲，達成感を育てることが大切です。

学習する教材の量が増え，抽象思考段階に入る中学年では，学年の通常の学級における一斉指導だけでは学習が難しい場合も出てきます。保護者や本人との丁寧な相談を継続しながら，学ぶ場を変更したり，ＴＴや少人数指導を加えたりするなど，学校にできる体制で支援を検討し，個別の指導計画も修正・変更しながら支援を継続します。

3 特別な支援が必要な子どもの所見の書き方と文例

特別な支援が必要な子どもの所見を書く際には，その子どもの困難な状況を列挙するのではなく，個々の指導目標と支援の手立てを踏まえ，目標について達成できたか否かを書くようにします。個別の指導計画がある場合にはその目標・手立てと一致するように留意します。子どもの得意なことや長所を生かした指導が大切ですが，困難な状況を改善するための指導が目標になる場合には，その状況からどのように力をつけてきたかを丁寧に伝えることが重要です。

各教科指導において合理的配慮を行う場合には，その手立てが有効か否か，成果も忘れず記入し，必要に応じて継続できるようにします。

本人の思いに耳を傾けるとともに，保護者との相談を継続するなど良好な信頼関係のもとに十分なコミュニケーションを図るようにしましょう。

また，専門家チームの支援を受けていたり，通級による指導を利用したりしている場合には，所見を書くにあたって，個別の指導計画の作成に関係する担当者同士で相談することも大切です。こうすることで，子どもの様子を総合的にとらえた所見を書くことができます。

1. 学習面に困難がある子ども

子どもの様子（例）

- 文章を読むのがたどたどしい
- 書くことが難しい
- 視認知に課題がある

◇ 行をとばさずに音読できるようになりました。自分から進んで色付きの補助具を使って，熱心に音読の練習に取り組んでいます。

◇ 文章を正しく音読して，わかったことを話すことができました。音読の宿題だけでは内容の理解が難しいようなので，音声教材で内容を聞いてから授業に参加するように支援しています。

◇ 新出漢字の習得が進みました。漢字を繰り返して書くだけでは覚えるのが難しいようなので，イメージしやすい絵をつけたフラッシュカードを利用して練習を続けています。

◇ 漢字の小テストでは十分書けるのに，50問テストでは覚える漢字が多いため，覚えきれないことがありました。小問テストで少しずつ覚えていく方法で練習を続けたところ，間違えずに書ける漢字が増えました。

◇ 筆算で，間違えずに計算することができるようになりました。位がずれないよう，ます目を使ったり，マーカーで注意を促したりして支援しています。

2. 行動面に困難がある子ども

子どもの様子（例）

- 落ち着きがない
- 着席できない
- 最後まで話が聞けない

◇　新しいことへの興味関心が高く，とても意欲的です。新しい教材を使った導入の授業では集中できるようになっていますので，少しずつ集中が長く続けられるよう支援しています。

◇　自分でチェックカードを用いて持ち物を確かめることができるようになり，忘れ物が減りました。必要なものを自分でそろえたり調べたりする力がついています。

◇　小テスト形式の問題に取り組むことによって，一定時間，問題に集中できる時間が長くなりました。一つのことに集中して取り組む力がついてきています。

◇　授業中に姿勢が崩れることがありましたが，クッションを使ったり，足を置く場所の素材を変えたりすることで，安定して着席できるようになりました。着席できる時間が着実にのびています。

◇　行動を切り替えて自分の気持ちを伝え，指示を聞いて学習に向かうことができるようになりました。思い通りにいかず感情が高ぶってしまうときは,「まず深呼吸」「言いたいことを書いてみる」「担任に話してみる」などの方法を伝え，支援しています。

3. 対人関係の面に困難がある子ども

子どもの様子（例）

- 学級集団になじめない
- 予定の変更を受け入れにくい
- ルールが理解しにくい

◇　進んで係や当番の仕事に取り組むことができました。「なぜしなければならないか」「どのような仕事をするのか」など，○○さんが具体的にすることがわかり，納得してできるよう，支援していきます。

◇　体育などで教室を離れるとき，スムーズに移動することができるようになりました。「○○分になったら教室から出る」「○○の場所に集合する」など，黒板に具体的な指示を書いて支援しています。

◇　予定の急な変更があっても，早めに予告を聞いたり，時間割等の掲示物で変更がわかったりすることで，納得して参加することができるようになりました。変化を受け入れる力が育っています。

◇　係の仕事に自分から取り組むことができました。何曜日にどの仕事をするのか，約束事が書かれた掲示物を確かめることで，意識して取り組めるようになっています。

◇　ドッジボールでは，教室でルールを先に覚えてから運動場で学習しました。ルールを学んだことで，休み時間でも混乱することなくゲームに参加することができるようになりました。

4. 通級指導を受けている子ども・特別支援学級に在籍している子ども

子どもの様子（例）

- 発音の指導を受けている
- 読み書きの指導を受けている
- 学校生活の枠組みを学んでいる

◇　音声教材で読み，自分でリピートして連れ読み練習をしたり，教科ごとに読みやすい大きさに拡大したりする方法を学びました。

◇　漢字学習では，部首を覚えることで覚えられる漢字がとても増え，自信がつきました。もっとたくさんの漢字を覚えようと，漢字の練習に熱心に取り組んでいます。

◇　算数の文章題を絵にすることで立式ができるようになり，四則計算を間違えずにできる力がつきました。計算はゆっくりでよいので，これまでどおり，ていねいに確実に取り組むよう支援していきます。

◇　週に１時間，特別支援学級での学習時間を弾力的に使って，計算練習に取り組みました。問題をやさしくしてはいますが，毎日一定の問題数を練習することで計算に慣れ，単純なミスをしないで計算できるようになりました。

◇　休み時間のクラス対抗ドッジボールで，みんなと一緒に楽しくゲームができるようになりました。通級指導教室で，少人数で遊びながらゲームのルールや決まりごとを学べるよう，支援を続けます。

（鋒山智子）

第3章

教　科［領域・観点別］

1 国語［3年・4年］
2 社会［3年］
3 社会［4年］
4 算数［3年］
5 算数［4年］
6 理科［3年］
7 理科［4年］
8 音楽［3年・4年］
9 図画工作［3年・4年］
10 体育［3年・4年］

＊「総合所見」――学期の総合的な所見

＊凡例
- ◎ 十分到達している
- ○ おおむね到達している
- △ もうひと息（向上する点）

1 国語［3年・4年］

総合所見

主な学習項目		
知識及び技能	言葉の特徴や使い方	●送り仮名，句読点，改行 ●修飾語，指示語，接続語 ●言葉の抑揚，強弱，間 ●音読
	情報	●全体と中心など情報と情報の関係
	言語文化	●文語調の短歌や俳句の音読，暗唱 ●文字の組み立て方，配列 ●毛筆による筆遣い，形の整え方
思考力、判断力、表現力等	話すこと・聞くこと	●相手や目的に応じる ●話の中心 ●話し合い，考えをまとめる
	書くこと	●身近なこと，想像したこと，詩，物語 ●報告する文章／説明する文章 ●依頼状，案内状，礼状
	読むこと	●目的，中心となる語や文 ●引用，要約 ●詩，物語／説明文，記録文，報告文 ●紹介したい本の説明

評価の言葉（例）		
知識・技能		●漢字の組み立て方がわかる ●国語辞典などの引き方がわかる ●単語についてローマ字を読み，書く
思考・判断・表現	話すこと・聞くこと	●筋道を立てて話す ●話の中心に気をつけて聞く ●聞いて意見を述べる ●共通点や相違点を話し合う
	書くこと	●相手や目的に応じて書く ●段落の関係に注意して文章を書く ●中心がわかるように書く ●間違いを正して文章を整える
	読むこと	●登場人物の行動や気持ちをとらえる ●文章の内容の中心を読み取る ●叙述から場面の情景などを想像する ●自分の感想や考えをもつ
主体的に学習に取り組む態度		●進んで○○する ●○○に関心をもつ／高める ●○○しようとする ●○○する態度が育つ

◎　本を紹介し合う学習によって，知識を得るための本を読むようになり，読む本の範囲が広がりました。また，話を聞くときに，話の中心に気をつけて話し手の伝えたいことをとらえようとする聞き方ができました。

◎　友達と自分の考えの相違点や共通点を考えながら，進んで話し合いに参加する態度が育っています。調べたことを書く学習でも，調べた内容が読み手にわかるように書こうとする態度が育ちました。

◎　常に相手を見て話し，聞き手の反応に合わせて，声の強弱や抑揚などを工夫することができます。音読発表会でも読み取ったことをもとに，声の調子を変えて登場人物の気持ちの変化を表現していました。

◎　書写の学習で，平仮名よりも漢字を大きく書くとバランスよく見えることに気づき，何回も練習してバランスよく書けるようになりました。身につけた力を生かして，感謝の手紙を書く際にも美しい文字で手紙を書きました。

○　「□□」の学習のあと，外国の民話の本を探して読むなど幅広く読書しようとする態度が育ちました。読んだ本の帯作りの学習では，これまで読んでいたのとは違う種類の本のおもしろさが伝わるように工夫しました。

○　話し合いの学習で，友達の意見を受けて自分の意見をはっきり言うなど，話し合いに進んで参加する態度が育っています。友達の意見をもとに，自分の考えを見直そうとする態度も見られました。

○　「モチモチの木」の音読発表会の前に，場面の様子がよく伝わるように工夫して練習しました。発表会では十分な成果を上げ，それをきっかけにして，正しく，内容を考えて音読に取り組む態度が身につきました。

○　神話や言い伝えの感想を，段落と段落の関係に気をつけて書くことができました。また，ローマ字の学習では，ローマ字で書かれた言葉を読んだり，字形を整えて書いたりしようとする態度が育ちました。

△　物語を読む学習に関心をもち，場面の様子や人物の行動を想像し，進んで発言しました。物語をそれて想像が広がってしまうこともありましたので，書いてあることをもとに思い描くように助言しています。

△　文章を書く意欲が育っています。いちばん伝えたいことをはっきりさせてから書こうとする態度も育ってきました。書くうちに内容がそれることがありましたので，文章の構成を考えてから書くよう助言しました。

1. 話すこと・聞くこと

(1) 知識・技能 ▶所見のポイント

- 相手を見て話したり聞いたりする
- 言葉の抑揚や強弱，間の取り方に注意して話す
- 様子や行動，気持ちや性格を表す語句の量を増し，話の中で使う
- 相手や目的に応じて，ていねいな言葉で話す
- 主語と述語の関係や修飾語に気をつけて話す

◎　話をするとき，その場の状況に応じて適切な言葉遣いで話す力が身につきました。話のまとまりを意識して，指示語や接続語を的確に使い，わかりやすく話すことができました。

◎　相手を見て話すことができました。また，相手を見て話を聞き，同じ考えには共感したり，わからないことは尋ねたりして，反応する姿が見られました。

○　相手を見て，適切な声の調子で話したり，ていねいな言葉を使って話したりする力がつきました。

○　宝物について話す学習で，贈ってくれたお母さんの様子や贈られたときの自分の気持ちを適切な言葉で話すことができました。

△　主語・述語の関係や修飾語の使い方に気をつけて，話すことができました。声の大きさや間の取り方にも気をつけることができるように指導していきます。

(2) 思考・判断・表現 ▶所見のポイント

- 話題を決め，必要な事柄を選ぶ
- 話の中心をとらえ，自分の考えをもつ
- 互いの考えの共通点や相違点に着目して話し合う

◎　友達の意見と自分の意見の似ている点や違う点を比べながら，話し合う力がつきました。疑問点については質問をし，友達の意見を受けて自分の考えと比べながら発言できました。

◎　学級で話し合う活動で，司会を務め，話し合いが滞ったときには，発言された意見の共通点と相違点を整理し，問題を焦点化して話し合いを進めることができました。

○　図表と写真から読み取ったことを話す学習で，友達が話す内容をよく聞きながら，自分の考えや感想を話す力が育ちました。メモを取りながら話を聞き，質問をしたり感想を述べたりすることもできました。

○　見学の報告をする活動では，最も心に残った見学場所を中心に，見たことだけではなく，その際に考えたことも加えて報告することができました。

△　グループ発表の学習で，友達の話を聞き取り，中心となる内容をとらえる力が育ちました。話を聞いた感想をまとめることがもうひと息なので，自分の考えと似ている点や違う点を考えながら聞くよう指導しています。

(3) 主体的に学習に取り組む態度　▶所見のポイント

- 話題を決め，必要な事柄を調べ，要点をメモしようとする
- 筋道を立て，適切な言葉遣いで話そうとする
- 話の中心に気をつけて聞こうとする
- 互いの考えの共通点や相違点を考えながら話し合おうとする
- 課題に向かって粘り強く取り組む
- 学びを振り返り，今後の学習や生活に生かそうとする

◎　話したり聞いたりする活動に関心をもち，進んで話す様子が見られました。自分の考えを，理由を挙げながら筋道を立てて話そうとする意欲が向上しています。

◎　学級で話し合う学習で，話し合いのあとに共通点や相違点を明確にして

話し合うことができていたかを振り返り，次時の課題を明確にして，焦点化した話し合いをめざす姿が見られました。

○　本の紹介で，大事なことを落とさずに，意欲をもって聞こうとする態度が育ちました。友達が言いたいことは何かに気をつけながら，話を聞くことができました。

○　グループや全体の話し合いで，積極的に意見を言おうとする態度が身についています。人の意見を聞いて自分の考えと比べ，同じ点や違う点を考えることができます。

△　進んで話そうとする態度が身についています。自分の意見を言うだけでなく，友達の意見を受けた話し方ができるよう，助言しています。

2. 書くこと

(1) 知識・技能　▶所見のポイント

- 段落の始めや会話などを改行して書く
- 修飾語，接続語，指示語を使って書く
- ローマ字を読み書きする
- 段落の働きを考えて書く
- 敬体と常体の違いに気をつけて書く
- 辞書を利用して正しく書く

◎　原稿用紙を使って段落や会話で行を変えるなど，改行のきまりを理解して書きました。漢字や仮名，句読点なども正しくていねいに書き，たいへん読みやすい作文を書くことができました。

◎　漢字辞典の使い方を身につけ，わからない漢字があると，部首索引や音訓索引を適切に使って調べ，書く学習で活用することができました。常に辞典を手元に置き調べることで，漢字や言葉に対する知識が深まりました。

○　文の組み立てや主語・述語・修飾語の学習で学んだことを，文章を書くときに生かすことができました。「だれが」「どのように」「どうした」などを結びつける工夫をし，読みやすくわかりやすい文章が書けました。

○　ローマ字を読み書きする力が育ち，身近な言葉を書いたり，読んだりできるようになりました。大文字の使い方や，si を shi と書くような別のつづり方もわかっています。

△　毛筆書写で，はらいやはねなどの筆遣いができるようになりました。その書き方を鉛筆にも応用し，ノートや作文の文字がいっそう整うよう指導しています。

(2) 思考・判断・表現

▶所見のポイント

- 相手や目的を意識して，伝えたいことを明確にする
- 書こうとする中心を明確にしながら，段落と段落の関係に注意して書く
- 文章の構成を考えて書く
- 中心の明確な構成を考え，理由や事例を挙げながら書く
- 間違いを正したり，表現の適否を確かめたりして文や文章を整える
- 自分の文章のよいところを見つける

◎　調べたことを書く学習で，書く必要のある事柄を整理して書く力が育ちました。事柄のカードをもとに，自分の考えが伝わるように，段落と段落の続き方に気をつけて書くことができました。

◎　詩を書く活動で，はっとした自分の心の動きを想起し，育てていた花が咲いた日の出来事を表現しました。題名や書き出しを工夫し，普通の文章とは異なる改行で表現豊かに書き表すことができました。

○　見学したことを文章に書く活動で，書く必要のあることを整理して書く力がつきました。見学のときに書いたメモをもとに，大切なことを選んで書くことができました。

○　文章を書くときに，何を中心にして書くかを事前に決めてから書く力がついています。学芸会の思い出を文章にまとめる学習で，出番直前の緊張した気持ちを中心に，心の動きが伝わるように書きました。

△　物語の感想をまとめる学習で，自分の考えを文章に書く力が伸びました。書きたいことがたくさんある場合，いちばん書きたいことがはっきりするように，段落と段落との関係に注意して書くよう助言しました。

(3) 主体的に学習に取り組む態度

▶所見のポイント

- 相手や目的に応じて，書くうえで必要なことを調べようとする
- 書いた文章を読み返し，さらに工夫しようとする
- 課題に向かって粘り強く取り組む
- 学びを振り返り，今後の学習や生活に生かそうとする

◎　目的に合わせて手紙を書く意欲が育ちました。おばあさんへの病気見舞いの手紙を，やさしくていねいな言葉遣いで，励ます気持ちが伝わるように書くことができました。

◎　物語を書く学習で，読み手を意識し，経験したことや想像したことなどから書くことを選び，集めた材料を整理して書こうとしていました。物語づくりの楽しさを味わい，想像したことを表現する意欲を高めました。

○　調べたことの報告文を書く活動で，相手や目的を意識して書こうとする態度が身につきました。表やグラフを使って表すなど，友達にわかりやすいように工夫して報告文を書くことができました。

○　教科書に出ている文章や，友達の文章の書き方のよいところを見つけ，自分の文章に生かそうとする態度が育っています。

△　文章の読み手がどういう人かを考えて書こうとする態度が育ちました。自分の考えが伝わるような書き方になっているか，文章を書き終えたあとに読み返して確かめるよう指導しました。

3. 読むこと

(1) 知識・技能

▶所見のポイント

- 主語と述語の関係や修飾語に気をつけて読む
- 指示語や接続語の働きに気をつけて読む
- 何が書かれているのかを大づかみにとらえて音読する
- 文語調の短歌や俳句を通して，言葉の響きやリズムに親しむ
- 読書に親しみ，知識や情報を得る
- 文章を読むことに必要な言葉を増やしている

◎ 俳句の学習で，音読を繰り返してリズムを楽しみ，日本語の美しい響きに気づきました。気に入った俳句を暗唱し，表情豊かに発表する姿が見られました。

◎ 海の生き物に関する情報を得るために，図書室からたくさん本を借りて読み，知識を増やしました。読み進める際に，わからない言葉があると国語辞典を使って意味を調べ，使える言葉を増やすこともできました。

○ 修飾語，指示語，接続語などの学習を通して，文や文章の中の言葉の役割に注意するようになりました。「それ」や「これ」などがどの文や段落の内容を指しているのかに注意して読むなど，文章を読む力が伸びました。

○ 国語辞典を手際よく使えます。物語や説明文を読むときに意味がわからない言葉があると，すぐに国語辞典に手を伸ばして調べていました。読んだり書いたりするのに必要な言葉の数が増えています。

△ 「これ」「それ」「あの」などの指示語の働きを理解することができました。文章を読むときに，何を指しているのかわからなくなってしまうことがありますので，正しくわかるように指導を続けています。

(2) 思考・判断・表現　▶所見のポイント

- 段落相互の関係や理由・事例をとらえて読む
- 目的を意識して，中心となる語や文を見つけて要約する
- 気持ちの変化，性格，情景を想像しながら読む
- 文章を読んで，感想や考えをもつ
- 一人一人の感じ方に違いがあることに気づく

◎　物語を読む学習では，行動や会話をもとに登場人物の気持ちを想像しながら読む力を高めました。想像したことを友達と伝え合うなかで，同じ物語を読んでも，感じ方に違いがある読書の楽しさに気づくことができました。

◎　説明的文章を読む学習では，筆者の考えのもととなった理由をとらえ，正しく読む力を伸ばしました。読み取ったことを新聞にまとめる際には，大切な文章を引用しながら自分の考えを説明することができました。

○　説明文を読む学習で，段落と段落との関係に気をつけながら，書かれている内容の中心を読み取る力がつきました。書かれている内容を，いくつかのまとまりに分けることも，適切にできます。

○　詩の学習では，短い言葉から情景を豊かに想像して読み，想像したことを友達と交流することができました。

△　文章の読み取りの学習で，書かれている内容の中心となる語や文をとらえる力が育ちました。段落と段落との関係を考えて読むことができるよう指導しています。

(3) 主体的に学習に取り組む態度　▶所見のポイント

- 幅広くいろいろな読み物を読もうとする
- 友達との読書後の感想や考えの相違に気づき，進んで自分の読みを見つめ直す
- 課題に向かって粘り強く取り組む

●学びを振り返り，今後の学習や生活に生かそうとする

◎ 説明文を読む学習で，課題を明確にもち，進んで段落相互の関係を図に表して，文章のまとまりをとらえようとしました。違う方法で段落関係をとらえた友達の考えを知り，今後は活用していきたいとして，さまざまな学び方を取り入れようとしていました。

◎ 物語を読む学習で，友達と伝え合ったり感じたり考えたりしたことを振り返り，身につけた人物同士の関わりをとらえるための読み方を，これからの学習に生かそうという意識を高めました。

○ 読む目的や必要に応じて，説明文などの要点や細かい点に注意しながら読む力，内容を要約する力が向上しました。目的に応じて適切な本を選ぶこともよくできました。

○ 読書感想発表会の活動で，友達との感じ方の違いに気づき，自分の読みを見つめ直そうとする意欲が高まりました。

△ 物語の本を多く読み，感想をまとめようとする意欲が伸びました。今後は，科学的な読み物なども読むようにして，より読書の幅を広げていけるよう助言しました。

2 社会［3年］

総合所見

主な学習項目		評価の言葉（例）	
身近な地域や市区町村の様子	●学校のまわり ●市の位置 ●地形や土地利用 ●交通の広がり ●主な公共施設の場所と働き ●古くから残る建造物 ●地図，主な地図記号	知識・技能	●様子がわかる ●移り変わりがわかる ●関連がわかる ●具体的に調べる ●資料を集めて，読み取る ●資料を正しく効果的に活用する ●調べたことを，目的に応じてまとめる
地域の生産や販売の仕事	●生産の仕事（農家，工場） ●生産の仕事の行程と工夫 ●販売の仕事 ●消費者の願い ●他地域や外国との関わり	思考・判断・表現	●問題を見いだす ●見通しをもって追究する ●相互の関連や意味を考える ●適切に選択・判断する ●自分の考えを説明する
地域の安全を守る働き	●火事を防ぐ ●事故や事件を防ぐ ●地域の取り組み	主体的に学習に取り組む態度	●進んで○○する ●関心をもつ ●意欲的に調べる ●生活に生かす
市の様子の移り変わり	●交通や公共施設 ●土地利用や人口 ●生活の道具		

◎ 地域の安全の学習で，警察署のさまざまな活動が，交通事故や犯罪から自分たちを守っていることに気づきました。どの学習でも，地域の人々の生活とのつながりをよく考えることができました。

◎ 市の地形や交通などを調べ，主なものを白地図に表すことができました。市内の場所ごとの様子についても，その特色をつかみ，自分の考えとともに，自分の言葉でわかりやすく説明することができました。

◎　消防署の見学を通して，消防署だけでなく，地域の人たちも一緒になって火災予防に協力していることがわかりました。地域の火災予防の活動のなかから，自分にもできることを考え，実践しようとしていました。

◎　駅前の再開発の計画を調べ，地域の人々の町に対する思いや願いを理解することができました。そのうえで，町が将来どのようになっていくことが望ましいかを考え，発表しました。

○　地図帳を使って調べたり，まとめたりすることが，手際よくできるようになりました。算数で学習したグラフを，社会の学習のまとめにも生かすことができました。

○　調べたことを，比べたり関係づけたりする力が伸びました。農業や商業の仕事をする人々のそれぞれの工夫や努力を比べて考え，安全でよい物を消費者に買ってもらうという共通点をとらえることができました。

○　市内の交通の地図と土地利用の地図を見比べ，バイパス沿いに大きな店が集まっていることに気づき，その理由を考えることができました。資料をもとに，複数の事柄を関連させて考える力が育っています。

○　調べたことをまとめる活動に意欲的に取り組んでいます。手元にある資料に載っていないことについても，学校図書館の資料で確認したり，パソコンで調べたりして，より詳しくまとめようとする態度が見られました。

△　地域の人々の仕事と自分たちの暮らしとのつながりを調べる学習で，大型店や工場で働く人の仕事の様子がわかりました。自分や地域の人々との関わりについては理解が難しいようなので，支援しました。

△　地域の安全の学習で，警察署の方の話を熱心に聞くことができました。調べたことをまとめるのが難しいようなので，緊急時の体制や事故防止に観点を絞るとよいことを助言しました。

1. 身近な地域や市区町村の様子

(1) 知識・技能　▶所見のポイント

- 学校のまわりや自分たちの市（区・町・村）の様子がわかる
- 調べたことを白地図などにまとめる

◎　□□市が県のどの位置にあるか，隣接する市とどのような位置関係にあるかなどを正確に理解しています。市の様子について調べたことを，地図記号を使って，わかりやすく白地図にまとめることができました。

◎　地図や写真などの資料から，市役所などの主な公共施設の場所や交通の広がりなどを正しく読み取ることができました。市の地形の特色や土地利用の様子についても確実に理解しています。

○　市内の主な公共施設や交通機関などをよく理解しています。川や土地の高低など地形の特色や，地形によって土地の使い方が違うことについてもよくわかっています。

○　町の地形の様子を調べる学習で，地域の土地利用の特色を表すために，絵地図を効果的に使うことができました。調べた事柄に適した方法でまとめる力がついています。

△　市内の鉄道，川の流れ，土地の低い所と高い所などの様子を正確に理解しています。学校のまわりの様子と駅近くの様子の違いに気づくことが難しいようなので，写真を見て具体的に比べるよう助言しました。

(2) 思考・判断・表現　▶所見のポイント

- 学校のまわりや市区町村の様子をとらえ，場所による違いを考え，文章で記述したり，説明したりする

◎　大きな駅のまわりに商店が集まっていることなど，土地利用の様子と交通との関係に気づきました。市の様子は場所によって違いがあるということを考え，文章にまとめることができました。

◎　市の地図や写真から，駅や市役所の付近，工場や住宅の多い所，田畑や森林が多い所など，市内の場所ごとの様子を比較することができました。また，場所による違いを詳しく説明することができました。

○　学校の屋上から地域の景観を展望し，方位ごとの土地利用の様子について，気づいたことをわかりやすくノートに書きました。川沿いに□□が多いなど，地形条件と土地利用とを関連づけて考えることができています。

○　市役所，公民館，図書館など，市内にある公共施設の場所を調べ，白地図にまとめて発表しました。発表のなかで，それぞれの施設がどのような働きをしているかにもふれることができました。

△　町探検の学習で多くの発見があり，カードにたくさん書くことができました。発見したことについて，自分の感想や疑問も書き足すとさらに考えが深まることを助言しました。

(3) 主体的に学習に取り組む態度　▶所見のポイント

- 学校のまわりや自分たちの市（区・町・村）の様子を意欲的に調べる
- 学校のまわりや自分たちの市（区・町・村）の特色やよさについて関心をもち，進んで調べる

◎　自分たちの住んでいる町の様子に関心をもち，町の人にインタビューをしたり，見学したりして熱心に調べました。それらをまとめることを通して，町のよさをより深く感じました。

◎　市の様子について地図や写真をもとに意欲的に調べ，白地図にまとめました。発表に向けて，どのようにすれば市の様子がわかりやすく伝わるかを考えながら，文章にまとめることができました。

○　進んで町の様子について地図を活用して調べ，多くの発見をノートに書きました。それらをまとめて，町の地形と土地利用の特色に気づくことができました。

○　学校のまわりの地域の様子に関心をもち，進んで町を探検して，公民館や畑，鉄道，寺社などがあることを見つけることができました。見つけたことを文章にまとめて，友達に伝えました。

△　意欲的に町探検を行いました。わかったことを白地図にどうまとめたらよいかとまどっていたので，方位を意識したり，地図記号を活用したりしてまとめるとよいことを助言しました。

2. 地域の生産や販売の仕事

(1) 知識・技能　▶所見のポイント

- 生産の仕事は，地域の人々の生活や地域の特色に関係していることがわかる
- 販売の仕事は，工夫して行われていることがわかる
- 調べたことを白地図などにまとめる

◎　□□づくり農家の，市内における分布や出荷の様子について調べ，白地図にわかりやすくまとめました。農家の仕事が自分たちの生活と深く関わっていることを理解することができました。

◎　商店街の見学で，店の工夫や努力を中心に，細かく様子を調べたり，インタビューしたりしました。店の人が，買う人の願いを踏まえ，売り上げを高める工夫をしていることを理解することができました。

○　市内の地図や統計資料を見ながら，自分たちの住む地域では，多くの農作物がつくられていることがわかりました。また，産地の分布を正確に白地図に記入することができました。

社会

○　スーパーマーケットの見学で，店の人が商品の並べ方や値段のつけ方などを工夫して販売していることがわかりました。また，商品の産地から，他の地域とのつながりについても理解することができました。

△　スーパーマーケットの見学で，販売される品物が国内の他の地域や外国から運ばれてくることを知りました。まとめる際に，それらの位置がわからないことがあったので，地図帳で確かめるよう助言しました。

(2) 思考・判断・表現

▶所見のポイント

- 生産に携わっている人々の仕事と，地域の人々の生活との関連を考え，文章で記述したり，説明したりする
- 販売に携わっている人々の仕事と，消費者の願いを関連づけて考え，文章で記述したり，説明したりする

◎　工場見学を通して，仕事の工程など，工場で働く人々の仕事の様子をくわしく知ることができました。また，地域の人々の生活との関連を考え，まとめたことをわかりやすく発表しました。

◎　スーパーマーケットの見学を通して，商品の並べ方や表示の仕方など，店で働く人々の仕事の工夫をとらえることができました。調べた工夫を買う人の願いと対応させてわかりやすく発表しました。

○　市内の地図に農家の位置を記入していく活動を通して，市内南部の低い土地に□□づくり農家が集まっているなど，土地の様子と農家の分布の様子との関係に気づくことができました。

○　買い物客が気をつけていることを，予想を立ててからインタビューをしました。その結果，新しくわかったことも書き加えて整理し，考えたことをノートにわかりやすくまとめることができました。

△　店が売り上げを高めるためにしている工夫を中心に，店の様子を調べたり，働く人にインタビューしたりすることができました。まとめる際に，なぜその工夫をしているのかについても考えるよう助言しました。

(3) 主体的に学習に取り組む態度　▶所見のポイント

- 地域の生産や販売の仕事の様子を意欲的に調べる
- 地域の人々の生活との関連や，仕事の様子を粘り強く考え，表現しようとする

◎　いつも利用するスーパーマーケットで働いている人たちについて，たくさんの疑問をもちました。仕事の工夫について予想を立てて見学に行き，働く人に直接聞き取りをするなど，積極的な調査活動をしました。

◎　近くの農家の様子を観察し，気づいたことをていねいにカードに書き表すことができました。とくに畑の設備や機械の様子については，観察だけでわからなかったことを進んで学校図書館の本で調べました。

○　家の人がどのようなことに気をつけて買い物をしているか，関心をもって積極的に調べました。家の人の話を聞いて工夫して買い物する様子がわかり，商店で働く人の工夫と関連づけて考えました。

○　スーパーマーケットで売っている野菜や果物がどこから運ばれてくるかに関心をもち，進んで調べました。調べた野菜や果物の絵を白地図にかいてまとめ，友達の前で意欲的に発表しました。

△　市内の食品工場を積極的に見学し，気づいたことをたくさんメモに書きました。整理してまとめる際に，少し意欲がそがれていたようなので，励まし，支援しました。

3. 地域の安全を守る働き

(1) 知識・技能　▶所見のポイント

- 消防署や警察署などが，地域の安全を守るために相互に連携していることがわかる
- 消防署や警察署などが，地域の人々と協力して火災や事故などの防止に努めていることがわかる
- 見学・調査したり地図などの資料で調べたりして，まとめる

◎ 地域の安全を守るために働く人々の仕事や体制について，理解を深めました。地域の人々や施設が協力して防犯や防災にあたっていることを資料から読み取ることができました。

◎ 事件が起きるとすぐに警察官やパトカーが来る仕組みを詳しく調べました。消防署の仕組みも含め，安全な暮らしを守るために，関係機関が互いに連携していることについても理解しています。

○ 災害や事故の防止に関する学習内容がわかっています。警察や消防などが連携する体制や，地域の人々との協力，法やきまりの大切さなどについて，関連づけて理解しています。

○ 事件や事故の知らせが，警察署のなかで伝わる仕組みがわかりました。地域の安全を守るために，自分たちができることについても具体例を通して理解しました。

△ 消防の仕事について学習したことがわかっています。消防署で働く人たちが，火災の現場で働くほかに，災害を防ぐためにどんな仕事をしているかがとらえにくいようなので，例を挙げて支援しました。

(2) 思考・判断・表現　▶所見のポイント

- 消防署や警察署，地域の人々の諸活動の相互の関連を考え，文章で記述したり，説明したりする

◎　人々の安全を守る仕組みに課題をもって，消防署を見学しました。火災防止や消火のために，消防署がほかの機関と協力し合っている体制をとらえ，わかったことと考えたことを整理してまとめることができました。

◎　警察の仕事の学習で，ガードレールや交通標識の配置について詳しく調べました。交通事故の防止のために登下校のきまりを守るなど，自分たちにできることを考え，ポスターに表しました。

○　安全を守る仕組みの学習を通して，考える力が伸びました。火災，事故などに対して，さまざまな法やきまりがあることを調べ，そのことと自分たちとの関わりを考え，発表することができました。

○　消防署の見学で，消防の仕事に携わる人々の訓練や施設・設備の点検の様子などを調べ，自分たちの安全が多くの人々に支えられていることに気づくことができました。

△　火事から暮らしを守るために，さまざまな消防施設があることを調べました。自分たちとの関わりに気づいていなかったので，調べた施設と自分たちの安全との結びつきを考えるように支援しました。

(3) 主体的に学習に取り組む態度　▶所見のポイント

- 消防署や警察署，地域の人々の諸活動を意欲的に調べる
- 相互の関連や従事する人々の働きを粘り強く考え，表現しようとする
- 地域社会の一員として自分たちにも協力できることを考えようとする

◎　地域の安全を守る仕組みに関心をもち，警察の仕事について熱心に調べました。交通事故や犯罪を防ぐための活動について，さまざまな資料を探しながら，わかりやすくまとめるよう努力していました。

◎　消防署の見学で，気づいたことをカードにまとめる活動に熱心に取り組みました。すばやく火事を消し止めるための訓練の様子や，日ごろの防火活動について，わかったことをすすんで発表しました。

社会

○ 地域の安全を守る仕事や仕組みの学習に関心をもち，進んで資料で調べたり，見学したりしました。自分たちも登下校のきまりを守るなど，安全に力を入れることの大切さにも気づきました。

○ 安全を守る仕組みの学習を通して，考える力が伸びました。火災，事故などに対して，さまざまな法やきまりがあることを調べ，そのことと自分たちとの関わりを考え，発表することができました。

△ 消防や警察の仕組みと仕事に関心を深め，進んで調べました。とくに消防署の見学では，めあてや知りたい課題をはっきりさせて尋ねることができました。まとめる活動にも熱心に取り組むよう助言しました。

4. 市の様子の移り変わり

(1) 知識・技能

▶所見のポイント

- 市や人々の生活の様子が，移り変わってきたことがわかる
- 聞き取り調査をしたり地図などの資料で調べたりしたことを，年表などにまとめる

◎ 地図や写真をもとに，市の様子の変化を詳しく読み取ることができました。鉄道の延伸と大きな道路の開通に伴って人口が増え，市の人々の生活の様子が大きく変わったことを理解しました。

◎ 地域の方の話を聞き，市の様子の変化や生活の変化について理解を深めました。わかったことを，時間の経過に沿って年表にまとめることができました。

○ 市の様子の移り変わりについて調べ，山林や農地が住宅地に変わってきた様子がわかりました。また，そのころの暮らしの様子や変化についても理解しました。

○　資料館の見学を通して，昔の農具について調べることができました。農具の改良とともに，人々の暮らしが豊かになってきたことがわかりました。

△　市の昔の地図を熱心に観察して，畑や森などが広がっていたことがわかりました。今の地図の様子とどのように比較すればよいか迷っていたので，鉄道が通る前と後の違いを考えるように指導しました。

(2) 思考・判断・表現

▶所見のポイント

- 交通や公共施設，人口の移り変わりについて考える
- 市の様子の変化と人々の生活の様子の変化を関連づけて考える

◎　市内の人口の変化について調べ，駅ができたころに都市化が急激に進み，人口が増え続けていることをとらえました。これからの市の発展のために，市民としてどう行動すべきかを討論することができました。

◎　「炊事」と「洗濯」の２つを観点に，道具の使い方を意欲的に調べ，道具の変化と生活の様子の変化を結びつけて考えました。考えたことをわかりやすい文章で友達に伝えることができました。

○　鉄道が廃止される前と後の村の様子を調べ，現在に至るまでの変化の様子をとらえることができました。過疎化や少子高齢化など，村全体の変化の傾向についても考えました。

○　市の様子の変化と人々の生活の様子の変化を結びつけて考えました。□□小学校や△△図書館がいつごろできたかを調べ，当時の市の様子と現在の様子を比べることができました。

△　市内の交通，土地利用，人口などについて，変化の傾向を考えることができました。考えをまとめる際に，市の将来についても考え，自分たちにできることにもふれるとよいことを助言しました。

社会

(3) 主体的に学習に取り組む態度　▶所見のポイント

- 市や人々の生活の様子を意欲的に調べる
- 市や人々の生活の様子の変化を粘り強く考え，表現しようとする
- これからの市の発展に関心をもち，市の将来について進んで考えようとする

◎　郷土資料館の見学で，市の様子がどのように変わってきたかについて，展示資料で詳しく調べたり，意欲的に質問したりしました。市の将来のために，自分たちに何ができるかを進んで考えました。

◎　生活の様子の時期による違いについて関心をもち，「暖をとる道具」について資料を使って意欲的に調べました。市の様子の変化と関連づけながら，時間の経過に沿って年表にまとめることができました。

○　市の様子について，鉄道と国道が整備される前と後でどのように変化してきたかに関心をもって調べました。地図を見比べながら，たくさんの変化を見つけることができました。

○　学校や市立図書館などがいつごろ建てられたのかを，地域の人から進んで聞き取りました。公共施設の建設や運営のために，税金が使われていることについても関心をもちました。

△　市の人口の変化について，棒グラフから読み取ったことをノートにたくさん書くことができました。土地利用の様子の変化との関係に気づいていなかったので，地図を提示し，関連づけて考えるよう助言しました。

3 社会［4年］

総合所見

主な学習項目	
県(都、道、府)の様子	●47都道府県の名称と位置 ●自分たちの県の位置 ●県全体の地形や主な産業の分布 ●交通網や主な都市の位置
人々の健康や生活環境を支える事業	●飲料水，電気，ガスの供給の仕組みや経路 ●廃棄物（ごみ，下水道）処理の仕組みや再利用 ●県内外の人々の協力
自然災害から人々を守る活動	●過去に発生した地域の自然災害 ●地域の関係機関や住民の協力，備え
県内の伝統や文化、先人の働き	●県内の文化財や伝統行事 ●保存や継承のための取り組み ●人々の願いと，地域の発展に尽くした先人
県内の特色ある地域の様子	●特色ある地域の位置や自然環境 ●人々の活動や産業の歴史的背景 ●人々の協力関係

評価の言葉（例）	
知識・技能	●特色がわかる ●働きがわかる ●関連がわかる ●具体的に調べる ●資料を集めて，読み取る ●資料を正しく効果的に活用する ●調べたことを，目的に応じてまとめる
思考・判断・表現	●問題を見いだす ●見通しをもって追究する ●相互の関連や意味を考える ●適切に選択・判断する ●自分の考えを説明する
主体的に学習に取り組む態度	●進んで○○する ●関心をもつ ●意欲的に調べる ●生活に生かす

◎ □□県の位置や地形，交通網などについて，意欲的に調べ，白地図にまとめました。また，地理的な特色を生かしてまちづくりや産業の発展などに努めている地域があることを理解することができました。

◎ 課題をもって調べる力や，調べたことをまとめる力が向上しました。ごみの処理では資料を生かして調べることができました。また，飲料水を送る仕組みでは見学したことをわかりやすくまとめることができました。

◎ 県内の過去の水害の様子について，地域の方の話や資料で調べてまとめました。調べたことを通して，地域の関係機関や人々が自然災害に対してさまざまな対処や備えをしていることを理解することができました。

◎ ○○川の開削を行った□□（先人）の働きについて，資料館で意欲的に調べました。□□がさまざまな努力をして人々の生活の向上に貢献したことを理解することができました。

○ 県の地形や交通などを調べ，主なものを白地図にかき表すことができました。また，産業や生活についても，その特色をつかみ，自分の考えとともに表現しました。

○ 身近な課題を意欲的に調べようとする態度が見られました。とくに，ごみ処理の学習では，１週間に家庭から出されたごみの量を種類ごとに整理し，課題を明らかにすることができました。

○ 学習したことを自分の生活に生かそうとしています。とくに，自然災害の学習では，災害が起きたときの行動の仕方や，自然災害への備えについて，自分に何ができるかを考え，発表しました。

○ 昔の人が地域の発展を願って，工夫，努力していた事実を具体的に理解しました。今も残る用水路や，豊かな水に感謝する祭りなどが，自分たちの現在の生活と結びついているという実感をもつようになりました。

△ ごみの処理の学習や，飲み水の送り方の学習で，それに携わる人たちや，地域の人々の工夫や努力をとらえることができました。ごみの減量や節水など，自分たちにできることも考えられるよう助言しました。

△ 「自然災害」の学習で，地震に対して，どのような機関や人が，どのような取り組みをしているかについて，表に整理しました。それぞれの取り組みが何のために行われているかも考えるよう助言しました。

1. 県（都，道，府）の様子

（1）知識・技能　▶所見のポイント

- 自分たちの県（都，道，府）の地理的環境の概要がわかる
- 47 都道府県の名称と位置がわかる
- 地図帳や立体模型，航空写真などの資料で調べ，絵地図や白地図などにまとめる

◎　□□県が国内のどの位置にあるか，隣接する県とどのような位置関係にあるかなどを正確に理解しています。県の様子について調べたことを，位置を確かめながら白地図にまとめることができました。

◎　地図帳を使って，□□県の位置や地形，主な産業の分布を読み取ることができました。さらに，ほかの県との結びつきについても，交通網と関連づけて適切に理解しました。

○　□□県の学習を通して，県内の主な都市の位置や，主な山地，平地，川などの位置や広がりについて，理解しました。県の地図や立体模型を活用して調べることができました。

○　47 都道府県の学習で，すべての都道府県の名称と位置を，地図帳で確認しながら，確実に理解しました。また，日本の白地図に，正確に都道府県名を書き込むことができました。

△　□□県の様子について，資料で調べ，特色を理解しました。とくに鉄道の様子について，調べたことを詳細に白地図に表しました。交通以外にも，地形や産業，主な都市なども地図に表すよう助言しました。

(2) 思考・判断・表現

▶所見のポイント

- 自分たちの県（都，道，府）の様子をとらえ，県の概要や特色を考え，文章で記述したり，説明したりする

◎ 県の様子について，自分で作成した白地図をもとに，詳しく説明することができました。県庁所在地や大きな都市の場所，工業地帯の場所について，地形や交通網の様子と関連づけて考えました。

◎ 県の北西部に○○畑が広がっている様子から，県内には地理的な環境の特色を生かして，産業の発展に努めている地域があることをとらえました。県の特色について，わかりやすく文章にまとめることができました。

○ 「□□県調べ」で，国土のなかでの□□県の位置や地形，交通網などを調べ，パンフレットにまとめました。それをもとに，県の様子について友達に説明することができました。

○ 県全体の主な山地，平地，川，海などの位置や広がりを調べ，□□県の様子をとらえました。それぞれの地形で，どのような土地利用がされているかを考え，ノートにまとめることができました。

△ □□県の地理的な様子を調べ，ノートにまとめました。自分たちの住む県の南部についての特色だけしか書かれていなかったので，県全体に目を向けるよう指導しました。

(3) 主体的に学習に取り組む態度

▶所見のポイント

- 自分たちの県（都，道，府）の様子を意欲的に調べる
- 自分たちの県（都，道，府）の地理的環境の特色を粘り強く考え，表現しようとする

◎ □□県の様子について関心をもち，進んで地図で調べました。調べたことをもとに，国土のなかでの□□県の位置や地形，交通網などを白地図に

かき入れるなど，それらの特徴を粘り強くまとめました。

◎　□□県の地形や産業の分布について地図や写真をもとに意欲的に調べ，白地図にまとめました。発表に向けて，わかったことと考えたことを区別して，試行錯誤しながらまとめている姿が見られました。

○　□□県の地形に関心をもち，意欲的に地図で調べました。主な山や川，平地などを正確に白地図に表し，県全体の様子について詳しく文章にまとめることができました。

○　47都道府県の名称と位置に関心をもち，地図帳で確かめ，理解しようと努力していました。覚えた県の名称を，進んで日本の白地図に書き込みました。

△　□□県の交通の中心である市や産業の盛んな市などの位置を，意欲的に調べました。交通や地形との関連を考えるのにとまどっていたので，地図で確認するよう支援しました。

2. 人々の健康や生活環境を支える事業

(1) 知識・技能　▶所見のポイント

- 飲料水，電気，ガスを供給する事業が，安全で安定的に供給できるように進められていることや，地域の人々の健康な生活の維持と向上に役立っていることがわかる
- ごみ，下水を処理する事業が，衛生的な処理や資源の有効利用ができるよう進められていることや，生活環境の維持と向上に役立っていることがわかる
- 見学・調査して調べたことをまとめる

◎　飲料水の学習で，パンフレットを読み取り，関係機関が連携して，安全な水を安定して送れるよう努力していることがわかりました。自分たちの健康な生活を支えていることについてもよく理解しています。

◎ 清掃工場の見学で集めた情報をもとに，ごみの処理の仕組みとその方法について確実に理解しました。ごみの分別や再利用など，生活と環境とのつながりを考えて理解する力が育っています。

○ 電気の安定供給への努力を知り，さまざまな方法で発電が行われていることがわかりました。ランプを使って生活していたころから現在に至るまで，電気を供給する事業が計画的に整備されてきたことも理解しました。

○ ごみ処理についての学習で，回収，分別，種類による再生や処分などが行われていることを理解しました。それらの仕事が，計画的に，連携して進められていることもわかりました。

△ 浄水場の見学で，水の仕事に携わる人々の働きを理解することができました。地域の人々との生活と結びつけて理解するのが難しかったようなので，安心して飲める水の重要性について助言しました。

(2) 思考・判断・表現

▶所見のポイント

- 飲料水，電気，ガスの供給のための事業が果たす役割を考え，文章で記述したり，話し合ったりする
- ごみ，下水の処理のための事業が果たす役割を考え，文章で記述したり，話し合ったりする

◎ 水が学校まで届く仕組みを調べ，浄水場のさまざまな取り組みが自分たちの健康な生活を支えていることについて考えることができました。水が大切な資源であることにも気づき，節水を呼びかける標語を作りました。

◎ 清掃局の人の話を聞き，廃棄物の収集や処理の仕組みをとらえました。資源を分別して収集している様子から，ごみを減らしたり，再利用したりすることの大切さについて考えることができました。

○ 家や学校に安全な水を送るために，どんな仕組みがあるのかという問題について，追究したいことをはっきりさせて調べました。調べた事柄と仕

事の工夫や努力とを結びつけて考え，書くことができました。

○　家庭のごみの処理について，それぞれの家で聞いてきた内容を学級でまとめる学習で，予想を立てたうえで整理しました。それをもとに，ごみの再利用について，自分の考えを具体的に説明できました。

△　安全な水が届けられ，汚れた水を川や海に流さない仕組みを調べ，自分たちの暮らしや環境との関係を考えることができました。自分たちにもできる工夫を考えることについては難しいようなので，助言しました。

(3) 主体的に学習に取り組む態度　▶所見のポイント

- 飲料水，電気，ガスの供給のための事業，ごみ，下水を処理する事業の様子を意欲的に調べる
- 飲料水，電気，ガスの供給のための事業，ごみ，下水を処理する事業が果たす役割を粘り強く考え，表現しようとする
- ごみを減らしたり，水を汚したりしないために，自分たちに協力できることを考えようとする

◎　浄水場の見学で，見たり聞いたりする具体的な課題をもって，熱心にインタビューしました。見学ではわからなかったことについても，学校図書館で調べたり，副読本で確認したりしながら解決に向けて努力しました。

◎　毎日出るごみの処分について，関心をもって問題を整理し，意欲的に調べることができました。まとめる際には，ごみを減らすことの大切さについて重点的に取り上げるなど，工夫する態度が見られました。

○　水道の水が，どこからどのようにして家や学校まで届くのかという課題に関心を高め，資料を活用しながら意欲的に調べました。調べたことをていねいにパンフレットにまとめることができました。

○　下水処理場の見学で，生活環境を守るための仕組みについて関心をもって調べることができました。川を汚さないために家庭でできることについ

ても進んで考えました。

△　水道教室で，水道局の方の話をメモにとりながら聞いたり，積極的に質問したりするなど，興味をもって学習しました。調べた事柄をまとめることには関心がうすいようなので，一緒に作業し，励ましました。

社会

3. 自然災害から人々を守る活動

(1) 知識・技能

▶所見のポイント

- 地域の関係機関や人々が，自然災害に対し，さまざまな協力をして対処してきたことがわかる
- 地域の関係機関や人々が，今後想定される災害に対し，さまざまな備えをしていることがわかる
- 聞き取り調査をしたり，地図や年表などで調べたりしてまとめる

◎　地域の高齢者から過去の災害についての話を聞き，被害の様子をつかみ，市役所や地域の人々がさまざまな協力をして対処してきたことを理解しました。調べたことを時間の経過に沿って年表にまとめました。

◎　市役所の方の話や防災マップから，市の防災に対する取り組みについて理解しました。また，災害発生時には，県や市が，消防，警察，自衛隊などと連携して活動することについても理解することができました。

○　□□年の水害について，当時の新聞記事や県の資料で情報を集めました。集めた情報をもとに，消防署や消防団と地域の人々との協力について理解することができました。

○　災害に対する備えについて理解することができました。市の防災マニュアルから，緊急避難場所，備蓄倉庫，連絡体制など，細かな想定をして備えていることを読み取りました。

△　過去の地域の自然災害について詳しく調べ，理解することができまし

た。災害を踏まえて人々がどのような備えをしているかについてはあまり理解できていなかったので，さらに資料を読むよう助言しました。

(2) 思考・判断・表現　▶所見のポイント

- 災害から人々を守る活動をとらえ，その働きを考え，文章で記述したり，説明したり話し合ったりする

◎　過去の自然災害の被害の様子や，さまざまな機関の活動を調べ，それぞれの活動が人々を守るために，どのような働きをしているかを考えました。自分自身がどのように行動すればよいかについても考えました。

◎　県内で過去に繰り返し自然災害が起きていることから，災害と気象や地形との関係を考えました。日ごろから気象情報を意識したり，地域の地理的環境に関心をもったりすることが大切であると文章にまとめました。

○　災害に対しての市の備えや協力体制について，ハザードマップや広報誌などで調べ，自然災害から人々を守る活動をとらえました。調べたことを，図や表を使って模造紙にまとめ，詳しく説明することができました。

○　災害発生時に，さまざまな機関や団体，人々が協力して，被害を減らすように努力してきたことを意欲的に調べました。これらの活動が，県内の人々の命や財産を守っていることについて考えました。

△　県や市が作成した防災計画に基づく対策や取り組みについて調べました。連携している活動の具体例を挙げ，それらの活動がほかの機関や団体と協力して行われていることに気づくことができるよう助言しました。

(3) 主体的に学習に取り組む態度　▶所見のポイント

- 災害から人々を守る活動を意欲的に調べる
- 災害から人々を守る活動の働きを粘り強く考え，表現しようとする
- 災害が起きたときの行動の仕方や，自分たちにできる自然災害への備えを進んで考えようとする

◎ □年前の台風による災害の際に，被害を少しでも減らすために県や市がどのような機関とどのような協力をしたのかを，意欲的に調べました。自分たちがどのような備えをすればよいかについても進んで考えました。

◎ ゲストティーチャーの話をもとに，県内で過去に起きた震災の被害状況や救助，支援の活動などについて積極的にまとめました。市役所の資料を確認するなど，さらに詳しく調べようとする意欲も見られました。

○ □□市役所の災害に対する備えについて，ハザードマップなどの資料をもとに進んで調べました。資料から読み取ったことをもとに，図や表を活用するなど工夫してわかりやすくまとめました。

○ 県の災害年表に興味をもち，いつごろどのような災害が起きているのかを進んで調べていました。災害発生時にどのような機関や地域の人々が連携して対処してきたかについても粘り強く考えました。

△ 市役所の方の話を意欲的に聞き，過去に起きた自然災害の被害の様子を詳しく年表にまとめました。さらに，市役所や地域の人々がどのような活動をしたかについてもまとめるとよいことを助言しました。

4. 県内の伝統や文化，先人の働き

(1) 知識・技能

▶所見のポイント

- 県内の文化財や年中行事は，地域の人々が受け継いできたことがわかる
- 県内の文化財や年中行事には，人々のさまざまな願いが込められていることがわかる
- 地域の発展に尽くした先人は，さまざまな苦心や努力により当時の人々の生活の向上に貢献したことがわかる
- 見学・調査したり，地図などの資料で調べたりして年表などにまとめる

◎　□□（先人）の業績について理解を深めました。○○用水の完成前と後の様子を比べ，□□の働きが，当時の地域の人々の暮らしの向上に貢献したことを理解することができました。

◎　郷土資料館の見学をもとに，□□祭りの変遷を時間の経過に沿って年表にまとめることができました。□□祭りが五穀豊穣や人々の健康を願って行われていることがわかりました。

○　□□神楽について，ゲストティーチャーの話を聞き，由来を知りました。また，地域の方々がどのような願いをもって文化財保護に取り組んでいるかを理解することができました。

○　□□（先人）を調べた学習で，業績と当時の人々の暮らしの向上を結びつけて絵年表にまとめることができました。課題や内容に適した方法で調べ，まとめる力が伸びています。

△　□□遺跡の由来について理解しました。由来だけでなく，なぜ今もその遺跡が人々に大切に守られているのか，その理由についても目を向けるよう助言しました。

(2) 思考・判断・表現　▶所見のポイント

- 県内の文化財や年中行事の様子をとらえ，人々の願いや努力を考え，文章で記述したり，説明したりする
- 地域の発展に尽くした先人の具体的事例をとらえ，先人の働きを考え，文章で記述したり，話し合ったりする

◎　地域の先人の□□が，○○用水を開発した動機や苦心，完成の事実を，問題意識をもって追究しました。こうした先人の働きが，人々の願いの実現につながっていることを考え，発表することができました。

◎　保存会の方の話を聞き，起源や現在までの経過など，□□祭りの様子をとらえることができました。受け継いできた人たちの工夫や努力について

も，地域の人々の願いと関連づけて考え，わかりやすく文章にまとめました。

○　□□（文化財）がどのような経過で現在まで保存されてきたかについて調べました。また，文化財保護のために自分たちが協力できることを進んで考えました。

○　過去の水害の様子や□□（先人）の業績について調べました。自分たちが水害におそわれることなく生活できるのは，□□と協力した人々の苦労や努力があったからだという考えをもつことができました。

△　郷土資料館の見学で，昔から伝わる年中行事について，たくさんカードに記録しました。絵図をもとに，人々の願いがどんなことだったか，自分の考えを話せるように指導しました。

(3) 主体的に学習に取り組む態度　▶所見のポイント

- 県内の文化財，年中行事の様子や地域の発展に尽くした先人の具体的事例を意欲的に調べる
- 人々の願いや努力，先人の働きを粘り強く考え，表現しようとする

◎　□□用水を造った地域の先人の○○に関心をもち，その生き方を進んで調べました。困難を乗り越えた努力と工夫を知って，地域に対する関心と，その発展を願う気持ちが育ちました。

◎　□□祭りはどのような人々がどのようにして受け継いできたのかという課題を，意欲的に調べました。年表にまとめていくなかで，地域の人々の願いにも気づき，文章で書き加えることができました。

○　新田の開発前と後の地図を比較し，調べてみたいことをはっきりともつことができました。用水を誰がどのようにして引いたかについて，郷土資料館の方の話や副読本などをもとに，進んで調べました。

○　□□囃子の継承の取り組みについての学習では，保存会の方の話を聞き，どのような願いをもって受け継いでいるのかに気づきました。その願いを友達に意欲的に伝えようとしていました。

△　郷土の先人の□□調べで，資料館の見学で気づいたことをたくさんカードに書きました。まとめる際，カードの内容をすべて書き写そうとして意欲を失いがちでしたので，業績を中心にまとめるよう助言しました。

5. 県内の特色ある地域の様子

(1) 知識・技能

▶所見のポイント

- 県内の特色ある地域では，人々が協力し，特色あるまちづくりや観光などの産業の発展に努めていることがわかる
- 地図帳や各種資料で調べ，白地図などにまとめる

◎　国際交流の盛んな□□市について，インターネットで情報を集め，どのような国々とどのような交流をしているかについて理解しました。姉妹都市の場所も地図で調べ，白地図にまとめることができました。

◎　□□市の学習で，パンフレットを集め，位置や気候，土地利用の様子などを調べてまとめました。豊かな自然を守ってきた取り組みや特産品づくりなど，□□市の様子について理解することができました。

○　□□市の学習で，「○○の町並み」がいつごろからどのように保存されてきたのかを調べ，町並み保存の取り組みの様子について理解しました。たくさんの人の手によって守られていることがわかりました。

○　伝統工芸品の□□について調べた学習では，盛んになったわけや，そこで働く人たちの苦労や工夫を理解することができました。地域の人々が協力し合って□□を広めていこうとしていることもわかりました。

△　□□町の文化財保護の取り組みについて，さまざまな資料を集めて調べることができました。史跡や文化財の位置や歴史だけでなく，受け継いで保存してきた人々にも着目してまとめるよう支援しました。

社会

(2) 思考・判断・表現　▶所見のポイント

- 県内の特色ある地域の様子をとらえ，それらの特色を考え，文章で記述したり，説明したりする

◎　豊かな自然を生かして観光や特産品づくりに取り組んでいる□□市を調べました。特色を守り育てる住民の工夫や願い，さまざまな立場の人々の協力関係について，自分の考えとともにまとめることができました。

◎　□□和紙について熱心に調べました。盛んになったわけを調べていくうちに，近くにある○○川との関係に気づき，二つの事柄につながりがあると考え，その理由を説明することができました。

○　社会科見学で陶器の工房を見学し，工房の方の苦労や工夫を知ることができました。工房の方の話と，陶器を全国に広めようとする市役所の方の活動を結びつけて，陶器づくりが盛んな理由を考えました。

○　多くの外国人が訪れる□□市の学習で，□□市が取り組んでいるさまざまな交流活動について調べました。国際交流が盛んなわけを考え，グループの友達に自分の考えを伝えることができました。

△　□□市にたくさんの観光客が来る理由を考えることができました。考えたことを文章に表すのに苦労していたので，□□市の歴史や，史跡を守ってきた取り組みにふれるとよいことを助言しました。

(3) 主体的に学習に取り組む態度　▶所見のポイント

- 県内の特色ある地域の様子に関心を深め，意欲的に調べる
- 県内の地域の特色を粘り強く考え，表現しようとする

◎　県内の特色ある地域について，熱心に調べました。とくに□□市の伝統工芸品である○○については，その特色について，進んで資料を集め，そのよさに気づき，関心をいっそう高めました。

◎　国際交流の盛んな□□市の様子について，資料を的確に選びながら調べ，まとめることができました。□□市だけでなく，県内のほかの市の国際交流も調べるなど，意欲的に学習しました。

○　自然豊かな□□市の学習で，□□市の地形や気候について，資料を活用して詳しく調べました。調べたことを友達と協力してパンフレットにまとめ，発表することができました。

○　歴史遺産の多く残る□□市のさまざまな取り組みについて，インターネットを活用して進んで調べました。とくに，保存に関わる人々の活動に興味をもち，工夫や努力についてわかりやすくまとめることができました。

△　海外から□□市を訪れる観光客の国や人数について，市の資料を活用して詳しく調べました。外国人観光客に対する市の取り組みには関心がうすかったようなので，観光客が集まる理由を考えるよう助言しました。

4 算数［3年］

総合所見

主な学習項目	
数と計算	●1億までの整数（万の単位） ●たし算，ひき算（3位数や4位数） ●かけ算の筆算（2位数や3位数） ●かけ算のきまり ●わり算(除数が1で商が1か2位数) ●わり算の式を表す，読む ●小数の意味，$\frac{1}{10}$の位までの加減 ●分数の意味，表し方，加減 ●□を使った式 ●そろばんのたし算，ひき算
図形	●二等辺三角形，正三角形 ●角の大きさの比較 ●円，球
測定	●長さの単位（km）と測定 ●重さの単位（g，kg）と測定 ●時刻と時間の計算，単位（秒） ●単位や計器を適切に選んでの測定
データの活用	●データを表にまとめる ●棒グラフを読む，かく

評価の言葉（例）	
知識・技能	●意味がわかる ●表し方がわかる ●測り方がわかる ●単位の関係がわかる ●感覚を豊かにする ●計算を確実にする ●表す，かく，測る ●単位を換算する ●○○ができる
思考・判断・表現	●見通しをもって考える ●考え方を深める ●まとめてとらえる ●簡潔に表現する
主体的に学習に取り組む態度	●進んで○○する ●数学的に表現・処理したことを振り返る ●数理的な処理のよさに気づく ●生活や学習に生かそうとする

◎ 算数の学習全体に意欲的に取り組みました。重さや棒グラフの学習で学んだことを日ごろの生活に生かしたり，友達の考えのよさに気づき，さらによい考えを生み出したりするなど，学習の成果が認められます。

◎ わり算の問題で，わる数とわられる数を区別して考え，式をかくことができました。わり算の式に合う問題づくりにも進んで取り組みました。

◎　今学期の学習内容を確実に身につけています。かけ算は，問題を式に表し正しく計算する力が伸びました。また，わり算のあまりの意味をとらえて，複雑な文章題を解決することができました。

◎　社会の学習のときに，地域を調べていく過程で見つけた大きな数に興味をもち，進んでその大きさを読んだりノートに書きとったりしていました。大きな数の学習を生かしています。

○　わり算で，「1人分の数を求める」と「何人に分けられるかを求める」の違いがわかり，問題に応じて適切なわり算の式を立てることができます。3けた，4けたの大きい数のたし算，ひき算の仕方も理解しました。

○　円と球の性質を理解し，コンパスを正しく使って図をかくことができました。また，3けた，4けたの数のたし算，ひき算，2けたの数どうしのたし算，ひき算の暗算，それにあまりのあるわり算も正確にできました。

○　小数と分数の学習で，どちらも数直線の$\frac{1}{10}$の位までの目盛りに表すことができ，それぞれの表し方でのたし算，ひき算もできます。また，□を使った式を使って数を求めることにも慣れました。

○　「2けた，3けた×2けた」の計算の仕方を考え，方法を理解しました。身近な事柄を調べた資料を表に整理して棒グラフに表すことを学習し，そのよさを実感しました。重さの単位や量り方も身につけています。

△　二つの時刻の間の時間や，時間と時間をたした時間を求めること，大きな数のたし算，ひき算など，計算の仕方がわかりました。円と球の特徴はわかりましたが，コンパスの扱いが難しいようなので，指導しました。

△　1億までの数の表し方や，整数を10倍，100倍した数，10でわった数の表し方，小数，分数の表し方など，数の仕組みがわかりました。かけ算の仕方や大きい数のわり算などの計算がもう一息なので指導しました。

1. 数と計算

(1) 知識・技能　▶所見のポイント

- 1億までの大きい数を正しく表したり読んだりする
- くり上がり，くり下がりに気をつけて3けたや4けたのたし算，ひき算をする
- 九九を活用したかけ算の筆算がわかる
- わり算の意味や計算の仕方がわかる
- 問題の場面をふさわしい式に表して解決する
- 数の関係をとらえて，それを図に表したり□を使った式に示したりして説明する
- 0から1までの小数と分数を数直線上に表して大きさをとらえる
- 答えが1までの分数のたし算，ひき算を正しく計算する
- 小数の意味を理解し，$\frac{1}{10}$の位までの小数のたし算，ひき算をする
- そろばんによる数の表し方や計算の仕方がわかる

◎　数の表し方や計算の仕方が正確に身につきました。1億までの大きな数の万を単位にした表し方も，小数や分数を数直線に示す表し方も，よく理解しています。ある整数の10倍，100倍，$\frac{1}{10}$の大きさも表せます。

◎　あまりのあるわり算の答えの確かめ方がわかりました。文章題のうち，あまりを切り上げたり切り下げたりする問題を，正しく考えることができます。なぜそう処理するかについても，説明することができます。

○　確実に計算する力が身についています。くり上がりやくり下がりに気をつけて，3けたのたし算やひき算ができました。かけ算の計算も，簡単な場合は暗算で行うなど，手際よく答えを求めることができました。

○　今学期に新しく学習したわり算の計算を，確実にできるようになりました。また，問題の文章の場面を正しいわり算の式に表したり，わり算の式の数の関係を表す問題文をつくったりすることができます。

△　小数や分数の表し方がわかりました。0から1までの$\frac{1}{10}$の位ごとに印をつけた数直線に，小数や分数を表すことができます。これらの数のたし算やひき算の仕方が難しいようなので，さらに指導しています。

(2) 思考・判断・表現　▶所見のポイント

- 1万を単位として1億までの数の仕組みを考える
- 0から1までの小数と分数を数直線上に表して大きさを考える
- わり算の計算の仕方を考える
- わり切れない場合の表し方や，あまりの意味を考える
- わり算とかけ算，ひき算との関係を考える
- 数の関係を図や□を使った式に表す

◎　筋道を立てて考える力が伸びました。2けた×2けたの計算で，位ごとに答えを求めてたす方法を，順序立ててわかりやすく説明できました。

◎　数の関係を図や□を使った式に表すことを考えました。問題文に合わせて数の関係を図に表して，式を「45－□＝26」とかき，「□＝45－26＝19」と答えを出す考え方のよさを実感したようです。

○　1億までの数の表し方を，1万のまとまりをもとに表すことを考え，説明できました。小数，分数の表し方を考え，身の回りのものの「1より小さい端数（はした）」の表現に積極的に利用しようと努めました。

○　わり算に熱心に取り組み，成果を上げています。問題文の数の関係を絵や図に表して考え，式にかくことが適切にできるようになりました。言葉による説明もよくできるようになりました。

△　わり算の式を考える文章題の解き方に慣れてきました。計算もよくできています。式を立てるときにわる数とわられる数を取り違えたり，あまりの扱いに迷ったりすることがありますので，指導しています。

(3) 主体的に学習に取り組む態度

▶所見のポイント

- 1億までの整数の表し方に関心をもつ
- 10倍，100倍，$\frac{1}{10}$の大きさの数の表し方に関心をもち，進んで使う
- たし算，ひき算やかけ算の筆算を進んでする
- わり算を使う場面を知り，使うようにする
- $\frac{1}{10}$の位までの小数の意味を知り，たし算，ひき算の仕方を考えようとする
- 数の関係を図に表したり，□を使った式にしたりしようとする
- 新しく学習した数の表し方や計算の仕方を生活に生かそうとする

◎ 数と計算の内容を，関心と意欲をもって学習しました。式を立てるときに図に表したり，2年生のときに学習したかけ算九九を活用して，わり算の答えを確かめるなど，進んで工夫しました。

◎ 「あまりのあるわり算」で，あまりの処理について答えをそのまま答えとすることができない場合があることに気づき，日常生活の場面に即しながら考えようとする態度が見られました。

○ 物や人を分けるときなどに，すぐにわり算を使い，あまりが出たときの処理も適切に考えることができます。学習した計算の仕方を，生活のなかで使うことへの関心が高まっています。

○ かけ算で，「2けた，3けた×1けた」などの筆算の仕方を考え，進んで説明しました。また，三つの数をかけるかけ算では，計算の順序を変えても答えが変わらないことを利用しようと工夫して計算しました。

△ 大きい数の仕組みの学習で，身の回りから1万より大きい数を見つけるなどして，興味をもって取り組んでいました。百や千の書き表し方をもとにして，1万以上の数の表し方についても考えるように助言しました。

2. 図形

(1) 知識・技能 ▶所見のポイント

- 円と球の形について理解している
- コンパスと定規を使い，半径の決まった円をかくことができる
- 二等辺三角形や正三角形がどんな特徴をもっているかを理解している
- 角や辺のきまりに沿って，二等辺三角形や正三角形がかける
- コンパスを目的に応じて適切に使える

◎ 円と球について，それぞれに共通する特徴と違う特徴とがわかり，中心や半径，直径という言葉を理解しています。コンパスの用途がわかり，決まった半径の円をかいたり，決まった長さを写したりできました。

◎ 二等辺三角形と正三角形の特徴がわかり，コンパスと定規を使って正確に形をかくことができました。また，辺と角に目をつけて，二等辺三角形と正三角形はどういう図形かも説明できました。

○ 円，球はどんな形かがわかり，半径や直径が決まった円をかく方法も理解しています。さらにコンパスを使って円をかくだけでなく，ある長さを測り取ることもできました。

○ いくつかの三角形の図から二等辺三角形や正三角形を正しく選ぶことができます。また，定規とコンパスを使って，これらの三角形を正しくかくこともできました。

△ 円をかく方法がわかり，コンパスでかくことができました。コンパスでいろいろな円をかいて模様を作る学習では，まだ使い方が不安定なので，練習方法を助言しました。

(2) 思考・判断・表現 ▶所見のポイント

- 円や球の特徴や性質を調べる
- 円や球の中心の位置や直径は半径の何倍の長さかを調べ，説明する

●辺の長さや角の大きさに着目して，二等辺三角形や正三角形の性質を考える

◎ 図形について考える力が身についています。二等辺三角形と正三角形の共通する点，違う点を，辺の長さや角の大きさに着目して調べ，理由を正確に説明することができました。

◎ コマづくりや玉入れゲームのコートづくりをしながら，一点から等しい長さのところにある点の集まりが「円」になることを見つけ，ノートにまとめることができました。

○ 円と球とはどういう形なのか，どんな性質があるのかを調べ，中心，半径，直径という言葉を使ってまとめることができました。球についても，半径の２倍が直径，真ん中が中心ということなどを説明できました。

○ 正三角形，二等辺三角形を調べて，辺と角の大きさが三つとも同じ，二つが同じという特徴を説明することができました。また，コンパスが長さを写し取るためにも使えることを見つけました。

△ 円や球の中心がどこにあるか，直径は半径の２倍であることなどがわかりました。なぜそうなのか調べる方法が思いつかないようなので，具体的な調べ方の復習を指導しました。

(3) 主体的に学習に取り組む態度 ▶所見のポイント

●円と球の中心，半径，直径に目を向け，進んで調べる
●円と球の形や，敷き詰めた平面図形に美しさを感じる
●二等辺三角形や正三角形を定規やコンパスを使ってかこうとする
●二等辺三角形や正三角形の辺と角の大きさに関心をもつ

◎ 二等辺三角形や正三角形の整った形に美しさを感じ，図形に関心をもちました。三角形の角の大きさや辺の長さの性質を意欲的に調べ，コンパスや三角定規を使って正確に図形をかきました。

◎　円と球の形の美しさに気づいて特徴を調べ，「中心」「半径」「直径」などの用語も正しく覚えました。コンパスを適切に使って，美しい円の模様をかきました。

○　円と球の形に関心をもち，同じ形のものを身の回りから見つけようとしました。円の特徴を調べる活動や，コンパスで円をかいたり長さを写し取ったりする活動など，図形の学習を通して意欲をもち続けました。

○　二等辺三角形と正三角形の辺や角の特徴に目を向け，身の回りのものからその形を見つけようとしました。学習した正三角形，二等辺三角形をかいたり，その形を敷き並べたりする学習に積極的に取り組みました。

△　二等辺三角形や正三角形の形に興味を示し，身の回りからその形のものを見つけました。定規を使い，二等辺三角形や正三角形を正確にかくことには意欲が続かないようなので励ましました。

3. 測定

(1) 知識・技能　▶所見のポイント

- 長さ，重さ，時間と時刻について，豊かな感覚をもっている
- はかるものに適した計器を選び，基準を合わせ，目盛りを正しく読む
- 長さや重さのそれぞれの単位の換算ができる
- 時間の単位（日，時，分，秒）の関係がわかる

◎　時間と時刻，長さ，重さの学習を通して，測定器具の選び方，単位の決め方，はかり方を正しく身につけました。見当のつけ方も適切で，測定することのよさを生活に生かしています。

◎　重さの学習で，量るものに合わせて適切なはかりを選び，正確に目盛りを読んで測定することができました。また，重さを求める計算問題を，正しく式に表して解くことができました。

○　1mを超える長さについて，巻尺を使って正しく測る方法を理解しました。見当をつける経験を通して距離感が豊かになり，見当に合わせて何m測れる巻尺を選ぶかを決められました。

○　ある時刻から決まった時間前や後の時刻，または二つの時刻の間の時間を求めることが確実にできます。生活のなかで，時間と時刻を正しく使い分け，また「秒」の単位も使っています。

△　重さの学習で，重さは見た目だけでは判断できないことを理解しました。重さに対する感覚が十分でないので，単位となる重さを身近なものに置き換えてとらえるように指導しました。

(2) 思考・判断・表現　▶所見のポイント

- 長さや重さをはかる前に，見当をつけたり適した計器を選んだりする
- 長さ，体積，重さの単位の関係を考える
- 重さの比べ方を考える
- 生活のなかで必要な時間の求め方を考える

◎　水1Lの重さを知る方法を，筋道を立てて考えました。1Lますに水を入れ，はかりで量ってから水をこぼし，ますの重さを量ってひき算をする方法を説明し，実際に行うことができました。

◎　重さの学習で，長さやかさの学習経験を生かして，数値化することのよさや普遍単位の必要性に気づき，発表しました。

○　順序よく考える力が育っています。時刻や時間の求め方を考える学習で，模型の時計や図などを使って，自分の考えたやり方をみんなにわかりやすく説明できました。

○　ものの重さについて，手で持って見当をつけ，量るのに適したはかりかどうか目盛りを確かめて選ぶなど，よく考えて器具を決め，正確に量ることができました。単位の使い方も適切に考えています。

△　時刻と時間の区別ができます。「1分＝60秒」も理解しています。時刻と時刻の間の時間，時刻からある時間前や後の時刻を求めるのが，やや難しいようでした。「1時間＝60分」をもとに考えるよう，指導しました。

(3) 主体的に学習に取り組む態度　▶所見のポイント

- 長さの単位km，重さの単位g，kgが使われているところに関心をもつ
- 重さも単位を決めて表すよさに気づく
- いろいろなものの重さを意欲的に量って比べる
- 「秒」に関心をもち，生活上の時間や時刻を表そうとする

◎　時刻や時間の区別や生活の場面での時間，時刻の求め方に関心をもち，時間と時刻を進んで計算しました。「秒」という単位や「1分＝60秒」という関係を活用し，短い時間の長さを実感していました。

◎　身の回りにあるものの重さを測定する活動に楽しく，意欲的に取り組みました。学習を通して，身の回りのものの重さを持った感じで言い当てるなど量感が豊かになりました。

○　「きょり」と「道のり」の違いに関心をもち，学校の周りの地図を調べて「きょりは○kmぐらい，道のりは○kmより長い」のような考えを話しました。測定したことを経験と結びつけて感じ取っています。

○　重さの学習で，身の回りのものの重さに関心をもち，進んで調べました。積極的にいろいろなものの重さを量って比べる活動を行い，工夫を重ねて，よりよい方法に気づきました。

△　時刻や時間を求める計算に興味をもって，問題に挑戦しました。時間や時刻が複雑になると意欲が続かないようなので，模型の時計や数直線を使って支援しました。

4. データの活用

(1) 知識・技能　▶所見のポイント

- 数量を整理して，棒グラフに表す方法や棒グラフの読み取り方がわかる
- 身近な資料を分類整理して，表や棒グラフに表す

◎ 「棒グラフと表」の学習で，調べたことを表やグラフに表す力が，十分に身についています。資料を整理するときに，項目を正確に分類し，表やグラフにわかりやすく表すことができました。

◎ 観点を決めて資料を表にまとめ，棒グラフに表したり，棒グラフや表を読み取ったりする方法を，よく理解しています。また，どうしたらほかの人にもわかりやすくなるか，工夫ができました。

○ 自分が伝えたい事象をグラフ化する活動を繰り返すことにより，表や棒グラフの読み取り方やかき方が身につきました。

○ 「棒グラフと表」の学習で，順序よく考えて資料を整理することができました。グラフに表すときは一番多い数を表せるように，一目盛りの大きさに注意してグラフに表していました。

△ 調べたことをどう整理したらよいかわからず迷っていたので，観点を決めて分類整理することを指導しました。

(2) 思考・判断・表現　▶所見のポイント

- 身の回りの事象について表やグラフを用いて考える

◎ 資料の集計に当たって，落ちや重なりの誤りがないように，数えたデータに色や印をつける工夫に気づき，みんなに発表しました。

◎ データを整理する観点に着目して表や棒グラフを読み取り，わかったことをノートに書いていました。

○　見通しをもって考える力が伸びました。「棒グラフと表」の学習で，グラフをかくときに，いちばん多い数が表せるように，一目盛りの大きさを決めてからかいたり，予想と比べてグラフを見直したりしていました。

○　一か月ごとのけがの種類と人数を，三か月分まとめて一つの表にまとめることで，その表から読み取れることのよさに気づくことができました。

△　「棒グラフと表」の学習で，順序よく考えて資料を整理しました。グラフに表すときは，いちばん多い数を表せるように一目盛りの大きさを決めるとよいことに気づくよう指導しました。

(3) 主体的に学習に取り組む態度　▶所見のポイント

- 資料を整理し，表や棒グラフに表そうとする
- 学習した内容を今後の生活に生かそうとしている

◎　学習したことを生かし，係活動のなかで，好きな遊びや好きな給食などのアンケートを取って棒グラフに表し，学級掲示板に掲示していました。

◎　「棒グラフと表」の学習で，自分の生活のなかから，調べて棒グラフや表に表したらいい内容を考えたり，探したりし，実際に棒グラフや表に表すことができました。

○　「棒グラフと表」の学習で，進んでさまざまな事柄を表にまとめ，棒グラフに表しました。学習に意欲的に取り組む態度が育っています。

○　身の回りに掲示しているポスターから，棒グラフで表されたものを進んで見つけ，そのグラフがどんなことを表しているかを発表しました。

△　「棒グラフと表」の学習で，調べてみたいことを進んで発言しました。表やグラフに整理するときに枠のかき方を考えることが難しく，意欲を失いそうなので，復習しながら，具体例を示して励ましました。

5 算数［4年］

算数

総合所見

主な学習項目		評価の言葉（例）	
数と計算	●億，兆の単位，位取り ●概数，四捨五入 ●2位数，3位数÷1位数，2位数のわり算 ●小数のたし算，ひき算 ●小数×整数，小数÷整数 ●同分母の分数のたし算，ひき算 ●数量の関係を表す式 ●計算のきまり ●そろばんによるたし算，ひき算	知識・技能	●意味がわかる ●表し方がわかる ●調べ方がわかる ●計算を確実にする ●数量の関係を表す ●図形をかく ●面積を求める ●表やグラフに表す
図形	●直線などの平行や垂直の関係 ●平行四辺形，ひし形，台形 ●立方体，直方体 ●ものの位置の表し方 ●面積の単位，測定（cm^2，m^2，km^2，a，ha） ●長方形，正方形の面積の求め方 ●角の大きさの測定と単位（°）	思考・判断・表現	●見通しをもって考える ●考えを深める ●目的に合った表現をする
変化と関係	●伴って変わる二つの量の関係 ●簡単な場合についての割合	主体的に学習に取り組む態度	●進んで○○する ●数学的に表現・処理したことを振り返る ●粘り強く○○する ●生活や学習に生かそうとする ●数学のよさに気づく
データの活用	●データを分類整理する ●折れ線グラフを読む・かく		

◎　四則の混合した式の計算の意味を正しく理解し，順序を間違えずに答えを求めることができました。「折れ線グラフ」で学習したことを生かし，身の回りの資料のデータを整理して折れ線グラフに適切に表しました。

◎　データの整理のしかたがわかっています。見つけた昆虫の名前と見つけた場所，数を正しく表にまとめました。表題や単位もつけました。

◎　千兆の位までの数の十進位取りによる表し方がわかり，整数を10倍，$\frac{1}{10}$にすると位が1けたずつ上がったり下がったりすることを理解しました。また，平行四辺形，ひし形，台形を正確にかく技能が身につきました。

◎　長方形，正方形の面積の求め方や面積の単位とその関係が正確にわかっています。小数のかけ算，わり算も小数点の位置を間違えずに，正確に計算することができています。

○　億，兆がつく大きな数に関心をもち，そうした数も十進位取りの方法でかいたり読んだりすることのよさに気づきました。また，「角の大きさ」では，正確に角の大きさをかいたり読んだりできました。

○　今学期は，計算と図形の面で，成果を上げました。わり算の筆算とあまりの扱い方，同分母の分数のたし算，ひき算を十分に理解しています。平行四辺形や台形などの図形のかき方も身についています。

○　+，−，×，÷など四則の混合した式や（　）を使った式の解き方を筋道を立てて考え，説明できました。面積の単位や測り方の学習では，正方形や長方形の面積を求め，適切な単位で表す技能が身につきました。

○　概数が使われる場面を身の回りから探し，「四捨五入」「以上」「以下」「未満」を使って数を処理する意味やよさがわかりました。また，立方体や直方体の特徴を理解し，見取図や展開図を正しくかくことができます。

△　およその数の学習で，四捨五入の仕方などができています。小数のかけ算も筆算ができます。答えが小数になるわり算については，あまりがいくつか，小数点の位置はどこかなど，迷っていましたので，指導しました。

△　分数の計算に苦手意識があるようです。真分数，仮分数，帯分数の意味を確認しながら，分数を使うよさに気づくよう励まし，計算に取り組ませていきます。

1. 数と計算

(1) 知識・技能

▶所見のポイント

- 億,兆を単位とする大きな数，整数全体の十進位取り記数法がわかる
- 整数や小数を１位数または２位数でわるわり算ができる
- 小数,分数のたし算,ひき算の意味と計算の仕方がわかり,確実にできる
- 概数を求める方法を理解する
- 四則の混合した式や（　）を使った式の計算ができる

◎　概数を使うとよい場合がわかりました。目的に合わせて上から何けたまでの概数にするとよいかを判断し，四捨五入を正しく行うことができます。「以上」「以下」「未満」の用語とその意味も理解しています。

◎　+，−，×，÷など四則の混合した式や（　）を用いた式の意味を理解しました。計算する順序がわかるだけでなく，式の意味をおさえたいろいろな問題をつくり，理解を深めました。

○　2位数や3位数を2位数でわる計算が確実にできます。わる数とわられる数に同じ数をかけてもわっても，わり算の商は変わらないという，わり算についてのきまりを見つけて使うこともできました。

○　小数の仕組みがわかり，大きさを比べる方法も理解しました。小数に整数をかけたり，小数を整数でわる計算が確実にできるようになりました。

△　億や兆を単位とする大きい数の読み方，かき方に慣れてきました。大きい数を10倍した数，$\frac{1}{10}$にした数の位取りに難しさを感じているようでした。整数の十進位取り記数法を復習し，指導しています。

(2) 思考・判断・表現　▶所見のポイント

- 億，兆を単位とする大きな数の仕組みや位取りを考える
- わり算の筆算の仕方を筋道を立てて考える
- 小数や分数の表し方や計算の仕方について考えを深める
- 概数のよさに気づき，見通しをもって四捨五入を活用する
- 四則の混合した式や（　）を使った式の計算の仕方を適切に考える

◎　「大きな数」の学習で，0～9のどんな数でも表せるわけについて，筋の通った説明ができました。また，「5400 × 320 = 54 × 32 × 1000」という計算式が成り立つ理由についても，適切に説明できました。

◎　買い物の場面を例にして，問題をつくりました。買い物をいくつかして，代金をまとめて払ったときのお釣りの金額を，一つの式に表して求める問題を考えました。（　）や□などを使う式の意味がわかっています。

○　以前に学習した $\frac{1}{10}$ の位の小数の仕組みをもとにして，$\frac{1}{1000}$ の位までの少数の位取りの仕方を考えることができました。また，$\frac{1}{100}$ の位の小数のたし算やひき算の仕方を考え，説明することができました。

○　数をおよその数としてとらえるよさに気づき，身近な事例で，目的に応じてどの程度の概数にするとよいかを判断することができました。「四捨五入」「以上」「以下」「未満」を活用して数が表せます。

△　＋，－，×，÷など四則の混合した式について，計算の順序を判断する力が身につきました。まだ問題の具体的な場面をとらえて式をつくることが難しいようです。絵や図に表して指導しています。

(3) 主体的に学習に取り組む態度

▶所見のポイント

- 億, 兆を単位とする大きな数の仕組みに関心をもつ
- わり算の筆算の仕方を考えようとする
- 小数や分数の表し方や計算の仕方を意欲的に調べる
- 概数のよさに気づき, 生活のなかに使われる場面を探そうとする
- 四則の計算の方法に関心をもち, 工夫して計算しようとする

◎ 「大きな数」の学習を意欲的に進めました。億, 兆の単位の大きな数でも十進位取り記数法で表せることのよさに気づき, 身の回りのものに記載されている大きな数の読み書きに挑戦しました。

◎ 「計算のきまり」の学習で, 買い物を例に進んで問題づくりをしました。問題文を, 絵や図に表してわかりやすくしたり, 問題を何通りもの式で表すことに関心をもったりするなど, 積極的に取り組みました。

○ $\frac{1}{1000}$ の位までの小数の位取りに関心をもち, 進んで小数点の位置を考えていました。整数では表せない数量を, 小数なら端数まで表せる便利さがわかって, 生活のなかで生かそうとしています。

○ 概数を知って, 数に対する感覚がいっそう豊かになり, 四捨五入を使う場面を生活のなかで見つけていました。また, 「以上」「以下」「未満」を使う場面や目的に応じて, 実際に使おうとする意欲をもっています。

△ 概数について理解しています。生活のどのような場面で使うとよいかについては, 関心が向かないようでした。身近な具体例を示しながら支援していきます。

2. 図形

(1) 知識・技能

▶所見のポイント

- ２本の直線の平行，垂直の関係について理解している
- 平行や垂直の関係にある直線をかく
- 平行四辺形，ひし形，台形の特徴がわかり，それに即して正しく作図する
- 直方体や立方体の面や辺の関係について理解している
- 直方体や立方体の面や辺の関係をもとに正しく見取図や展開図をかく
- ものの位置を確実に表す
- 面積の単位 (cm^2，m^2，km^2， a，ha) についてわかる
- 長方形，正方形の面積の求め方を理解している
- 長方形や正方形に分割するなど工夫して複合図形の面積を求める
- 分度器を使って角の大きさを測定したり，必要な大きさの角を作図したりする

◎ 平行，垂直の関係を理解し，正しく作図することができます。平行四辺形，ひし形，台形の図形の特徴を調べるときに，これらの知識に基づいて整理し，発表することができました。

◎ cm^2，m^2，km^2 のような面積の単位の使い方や，長方形，正方形，それにこの二つが組み合わさった図形について，公式を正しく使って面積を求める方法を理解しました。面積についての学習の成果が上がりました。

○ 直方体や立方体の面，辺，頂点の特徴を正確に理解しました。その特徴が表れるように，正しくかくことができます。立体図形の学習から考え，ものの位置が横，縦，高さで表せることがわかりました。

○ 角の意味やその単位 (°)，大きさを分度器で測ったりかいたりする方法をよく理解しています。辺の長さと角の大きさを決めて三角形をかくことも，確実にできています。

△ 平行四辺形，ひし形，台形などの図形をかく方法を理解しています。実

際にかく場合，辺の長さや角の大きさに不正確なところがありました。コンパスや三角定規の使い方を練習するよう指導しました。

(2) 思考・判断・表現

▶所見のポイント

- 平行四辺形，ひし形，台形の辺の関係について，並び方や長さ，角の大きさなどに着目して調べる
- 直方体や立方体の面や辺の関係について調べたり，確かめたりする
- ものの位置の確実な表し方を考えたり説明したりする
- 面積の表し方を筋道を立てて考え，説明する
- 長方形や正方形の面積の求め方を考え，公式にまとめる
- 長方形や正方形が合わさった形の面積の求め方を工夫する
- 角の大きさを単位の大きさのいくつ分と数値化して表す

◎ 直方体，立方体の見取図と展開図をかく方法について，立体模型の面や辺，頂点の特徴をもとに考えることができました。自分の考えた方法について，言葉で表現することもできました。

◎ 長方形や正方形の面積の求め方を，単位となる広さをもとに考えました。複合図形の求め方を，長方形と正方形の面積をもとに，工夫して考え説明できました。

○ 平行四辺形，ひし形，台形，それぞれのかき方を，辺と辺との関係や頂点の特徴をおさえて考えることができました。考えたとおりの手順で，実際に正しい図形がかけました。

○ 角の大きさの意味がわかり，分度器を使って正しく角を測ったりかいたりしました。どういう順序でかくとよいかを考え，わかりやすく説明することができました。

△ 長方形や正方形の面積の求め方がわかりました。長方形と正方形が組み合わさった図形の面積を求める問題ではとまどっていましたので，必要な長さを見つけられるように図形の見方を助言しました。

(3) 主体的に学習に取り組む態度　▶所見のポイント

- 直線の平行と垂直について進んで調べる
- 平行四辺形，ひし形，台形に関心をもち，その特徴を進んで調べる
- 直方体，立方体に関心をもち，観察したり，特徴を調べようとしたりする
- ものの位置を進んで確実に表そうとする
- 面積を，単位を決めて数で表すよさに気づく
- 長方形や正方形の面積の求め方を考えようとする
- 角の大きさに目をつけていろいろな図形をとらえようとする

◎　直線の平行と垂直の関係をもとにして，直方体，立方体の頂点や辺，面の特徴，対角線の性質を考えることに意欲的に取り組みました。前に学習した事柄を生かして新しい問題を解決しようとする態度が表れています。

◎　以前に学習した三角形に関連して，角に興味をもち，角の意味や測り方について意欲的に調べました。分度器や三角定規を使っていろいろな角度を熱心に測ったり，かいたりしました。

○　平行四辺形，ひし形，台形のそれぞれの特徴を調べたり，そうした特徴をもった形のものを身の回りから探したりする活動に進んで取り組みました。問題の解決に前向きに臨もうとする態度が向上しました。

○　面積の公式を使って，長方形や正方形の面積を適切な単位で表しました。また，教室のような広い場所の面積を，見当をつけてから実測して求める活動に積極的に取り組みました。

△　平行四辺形，ひし形，台形のそれぞれの特徴を調べました。似た形のものを探して共通の特徴をとらえることが難しく，意欲を失いそうでしたので，以前に学習した頂点，辺，角に目をつけることを指導しました。

3. 変化と関係

(1) 知識・技能　▶所見のポイント

- 伴って変わる二つの数量の関係を調べて，表や式に表すことができる
- ある二つの数量の関係と別の二つの数量の関係を比べるとき，割合で比べることがあることがわかる

算数

◎　伴って変わる二つの数量の関係を，一般化して式にまとめることができました。数量の変わり方をとらえ，□を使った式に表す技能に確かな進歩が認められます。

◎　比べる方法には，差の考え方のほかにも割合（倍）の考え方があることに気づき，「割合」を言葉とテープ図や数直線などの図，式を用いて求めることができました。

○　「変わり方調べ」の学習で，1辺が1 cmの紙を階段のように並べたとき，段の数と周りの長さの関係を図をかいたり表に表したりして調べ，言葉や式で表すことができました。

○　伴って変わる二つの数量を表に表したり，□や△などを用いて式に表したりして，数量の関係を素早く考察することができるようになりました。

△　伴って変わる二つの数量の関係について理解しました。変化の様子をどう式に表すかについての理解がもうひと息なので，整理した表からきまりを見つけられるように，指導を続けています。

(2) 思考・判断・表現　▶所見のポイント

- 伴って変わる二つの数量の関係をとらえ，変化や対応の特徴について考える
- ある二つの数量の関係と別の二つの数量の関係の比べ方を考えることができる

◎　二つの数量の関係に着目し，テープ図や数直線の図を用いて割合（倍）の意味を正しく理解しました。また，別の二つの数量の関係との比べ方を考え，説明することができました。

◎　表に表すことで，伴って変わる二つの数量の関係がわかることに気づき，表にまとめました。その表をもとに，言葉の式や□や△を用いた式を用いて，二つの数量の関係を説明できました。

○　一方の数が変わるともう一方の数もあるきまりに従って変わるとき，二つの数の関係を表す式を考えました。その考えをもとに，正三角形を一列に並べるときの個数と周りの長さとの関係の式について説明できました。

○　伴って変わる二つの数量の関係を変化の特徴に着目して，表を縦や横の関係で考え，説明しました。

△　何倍かを求めるにはわり算を用いればよいことを理解しています。その関係をテープ図や数直線の図に表せるよう指導しています。

(3) 主体的に学習に取り組む態度　▶所見のポイント

- 伴って変わる二つの数量に関心をもち，きまりを考えようとする
- 割合（倍）を用いて比べたことを振り返る

◎　二つの数量を比べるとき，差では比べられないことが多いことに気づき，これからは割合（倍）の考えも用いて考えていきたいと，学習感想に書いていました。

◎　正三角形の数と周りの長さの関係の学習を生かして，正方形を段上に並べたときの段の数と周りの長さの関係を表にまとめ，その関係を式に表し，説明していました。

○　二つの数量の変わり方に関心をもって，どんな関係があるのかを筋道を立てて考えました。進んで図にかいて関係を見つけ，式に表すことのよさ

に気づきました。

○　二つの数量の関係を表に表すことで，その関係が調べられると気づきました。学習後の感想には，表に表すよさについても書かれていました。

△　伴って変わる二つの数量について，表にまとめることはできるようになりました。その表から関係を見つけたり，式に表したりすることには意欲がもてないようなので，表の見方を指導しています。

4. データの活用

(1) 知識・技能　▶所見のポイント

- データを二つの観点から整理することができる
- 数量の変化を表す折れ線グラフのかき方や読み取り方がわかる

◎　先週と今週でそれぞれ本を借りた人と借りない人の様子を一つの表に整理することができました。さらに，その表から読み取れることをいくつも発表していました。

◎　○○県の気温の月ごとの変わり方をグラフに表すことができました。変化する数量を折れ線グラフに表す方法や，折れ線グラフの読み取り方をよく理解しています。

○　気温の変わり方を折れ線グラフに表すことができました。また，折れ線グラフを見て，線の傾き方を読み取って変化の様子を説明することができました。

○　「整理の仕方」の学習で，細かく記録した資料を分類，整理してわかりやすい表にまとめることができました。目的に応じて何に目をつけ，どういう表にしたらよいかを理解しています。

△　棒グラフと折れ線グラフの使い方の違いを理解しました。実際に折れ線

グラフをかく場合に，たて軸の目盛りを決めたり，必要な部分を抜き出してかいたりするのが難しいようなので，支援しました。

(2) 思考・判断・表現

▶所見のポイント

● 整理した数量の変化を折れ線グラフに表したり，読んだりして，結論を考えることができる

◎ ○○県の気温の月ごとの変化を，目盛りの大きさを適切に決めて表しました。気温の変わり方をどのように表すとわかりやすくなるか工夫したことや，折れ線グラフのよさを具体的に説明することができました。

◎ 「ぼうさいについて考えよう」では，自分の考えの根拠を明らかにするデータを適切に選び出すことができました。データから読み取れることをもとに，自分の考えをわかりやすく発表していました。

○ 棒グラフと折れ線グラフのそれぞれの特徴に気づき，場面や目的に応じて，どのグラフで表すことがよいか考えることができていました。

○ 気温の変わり方を調べるとき，折れ線グラフの折れ線の傾きに着目することで気温の変わり方が読み取れることに気づき，傾きに着目して説明しました。

△ 学校のどんな場所でどんなけがをしたかという記録を，どのように表にまとめるとよいかを考えました。場所とけがの種類の関係を，縦と横のどこにかくかが考えにくいようなので，手順を復習するよう助言しました。

(3) 主体的に学習に取り組む態度

▶所見のポイント

● 変化する数量を折れ線グラフに表そうとする
● 学習した内容を今後の生活に生かそうとしている

◎ 学習したことを生かして，宿泊行事に向けた毎朝の体温調べを，自分で正確に折れ線グラフに表し，しおりに記入していました。

◎　「折れ線グラフと表」の学習で，自分の生活を振り返り，折れ線グラフや表に表したらよい内容を考えたり，探したりし，実際に折れ線グラフや表に表すことができました。

○　棒グラフと比べて，折れ線グラフは変わり方を表すのに適することに関心をもち，折れ線グラフをかいたり読んだりする活動に意欲的に取り組みました。

○　身の回りに掲示しているポスターから，折れ線グラフで表されたものを見つけたことを進んで発表したり，そのグラフがどんなことを表しているかを説明したりしました。

△　細かく記録した資料を目的に合わせて見やすい表にまとめたり，表を読み取ったりする学習に取り組みました。表の縦と横にどんな事柄を項目にするか迷って意欲を失いそうなので，整理の仕方を指導しました。

6 理科［3年］

総合所見

主な学習項目	
粒子（物質）	●物の形と重さ ●物の体積と重さ
エネルギー	●風とゴムの力の働き ●光の進み方や明るさ ●音の大きさや物の震え方 ●磁石の性質 ●電気の通り道
生命	●身の回りの生物と環境との関わり ●昆虫の成長と体のつくり ●植物の成長と体のつくり
地球	●太陽の位置とかげの位置 ●日光と地面の様子

評価の言葉（例）	
知識・技能	●器具や材料を見つける，作る，使う ●観察・実験の過程や結果を記録する ●正確に観察する ●学んだことを活用したものづくりをする ●きまりや性質がわかる ●関わりや様子がわかる ●実感をともなってわかる
思考・判断・表現	●自然の事物や現象を比べる ●問題を見つける ●違いや共通点を考える ●問題を解決する ●見つけたり考えたりしたことを表現する
主体的に学習に取り組む態度	●進んで○○する ●観察し記録しようとする ●生物を大切に育てる ●生活に生かそうとする

◎　問題を見いだす力が伸びています。乾電池と豆電球をつないだ二つの箱を見比べて，一つは点灯し，もう一つは消えていることから「どんな物が電気を通すのだろうか」という問題を作り，わかりやすく発表できました。

◎　目的をもって学習することができます。校庭に出て植物や昆虫を観察して，生物には色や形，大きさなど姿に違いがあることを発見して，学級で発表しました。公園の生物も確かめ，理解を深めていました。

◎ いろいろな昆虫を育てる活動で，ていねいに観察記録を取りました。「昆虫は種類で姿かたちは違うが，足の数や体のつくりは同じ。育ち方はどうだろう」という問題を作りました。友達にもわかりやすく発表しました。

◎ 「影踏み遊び」を通して「かげの位置と変化は太陽とどのような関係があるか」という問題を作りました。かげは太陽の光をさえぎることででき，かげの位置は太陽の位置によって変わることを発見し，発表しました。

○ 「物は，形や置き方が変わると重さが変わるのだろうか」という問題に対して，粘土を使って繰り返し正確に実験しました。結果について友達とも意見交換をして「変わらない」と結論を導き出すことができました。

○ 自然事象をよく見ています。磁石につく物とつかない物を調べる実験をしているとき，磁石でなかったのに磁石になっている物があったのを見て「どうすれば，磁石を作れるのか」と積極的に調べていました。

○ 理科の考え方がよく理解できています。鏡を使って光を当てたときの明るさやあたたかさの様子について，光が当たっているいろいろな場所の差異点や共通点をもとに問題を見いだすことができました。

○ 飼育している昆虫を正確に観察することができました。昆虫の体は頭，胸および腹からできていて，足は六本あり胸から出ていることを発見しました。説明を聞いて友達も納得しました。

△ 同じ大きさのアルミホイルを，片方は丸めて落とすと，広げたままの方がゆっくり落ちる事象から問題を見いだす活動で，すぐに問題を考えることが難しいようなので，ヒントを伝えて考えるように支援しました。

△ 長期の観察教材では，最後まで観察が続かないことがあります。学級で育てている植物について，最初はていねいに観察記録をとっていましたが，継続することには意欲を失いそうなので，観察に興味をもてるよう支援しています。

1. 粒子（物質）

（1）知識・技能　▶所見のポイント

- 物の重さについて，問題を解決するための器具などを工夫する
- 物の形と重さ，物の種類と重さについてわかる

◎　物の形と重さについて実験し，その過程や結果を正確に記録し，物は，形や置き方が変わっても重さが変わらないことを理解していました。

◎　体積が同じでも，鉄，アルミニウム，木のような，物によって重さが違うということを，ていねいに実験したので正確に結果を出すことができ，理解を深めました。

○　体積が同じでも，物によって重さが違うことがあることを，ていねいに実験したので正確に結果を出すことができました。

○　「物は，形や置き方が変わると重さが変わるのだろうか」という問題に対して，粘土を使って実験した結果，「変わらない」と結果を出すことができました。

△　「物は，形や置き方が変わると重さが変わるのだろうか」という問題に対し，「変わるかもしれない」と考えていたので，もう一度実験をして確かめるように支援しました。

（2）思考・判断・表現　▶所見のポイント

- 物の形や体積と重さについて比較して問題を見いだし，表現する

◎　物の形を変えたときと変える前の様子を比較して，「物は形を変えると重さは変化するのだろうか」という問題を考え，わかりやすく発表できました。

◎ 体積が同じ鉄，アルミニウム，木を持ったときの「同じ体積でも，物によって重さが違うのだろうか」という疑問から問題を作ることができました。それを友達にわかりやすく伝えることができました。

○ 物の形や置き方を変えたときと変える前の様子を比較して，物の重さについて疑問をもち，その疑問を友達にもわかりやすく説明できました。

○ 体積が同じでも，鉄，アルミニウム，木のように，物によって重さが違うことがあるという疑問から問題を作ることができました。

△ 同じ大きさのアルミホイルを，丸めて落とすより，広げたままの方がゆっくり落ちるという自然事象から問題を作るとき，すぐには考えられないようなので，これまでの学習を思い出して考えるよう支援しました。

(3) 主体的に学習に取り組む態度 ▶所見のポイント

- 物の形や体積と重さについて興味・関心をもち，進んで調べる

◎ 同じ体積のさまざまな種類の物の重さについて，進んで問題を見いだし，意欲的に実験したり結果を記録していました。

◎ 物の形を変えたときと変える前の様子を比較して，「物は形を変えると重さは変化するのだろうか」という問題を見いだし，意欲的に問題を解決し，わかりやすく自分の考えを表現していました。

○ 「物と重さ」の学習で，身の回りにある物の重さを量って，気づいたことから，進んで問題を見いだそうとしていました。

○ 物の形を変えたときと変える前の様子を比較して，「物は形を変えると重さは変化するのだろうか」という問題を考え，友達と協力して実験して「重さは変化しない」と結論を出すことができました。

△　物の置き方や形を変えたときの重さについての実験をするとき，友達に任せてしまう様子が見られました。これまでは，ていねいに実験を行っていることから，自信をもって取り組むように支援しました。

2. エネルギー

(1) 知識・技能

▶所見のポイント

- 風やゴムの力を調べる実験の過程や結果を，わかりやすく記録する
- 風やゴムには，物を動かす力があることがわかる
- 鏡や虫めがねを使って光を集め，温度の変化を調べる実験をする
- 日光は直進する性質があることや，日光を集めたときのことがわかる
- 音を出したときの震え方の様子を調べる実験をする
- 物から音が出たり伝わったりするとき，物は震え，音の大きさが変わると震え方が変わることがわかる
- 電気や磁石の性質を使った物を作る
- 磁石の極の性質や，磁石の働きがわかる
- 電気を通す物や電気の働きや性質がわかる

◎　磁石にいろいろな物をつける実験をして，磁石には引きつけられる物と引きつけられない物があるという結果を導き出しました。さらに，磁石に近づけると磁石になる物があることも理解しました。

◎　電気を通す回路に，いろいろな物をつなぐ実験をして，電気を通す物と通さない物があるという結果を導き出しました。そして電気を通す物は金属であるということも理解しました。

○　風やゴムの力は，物を動かすことができることを実験によって理解しました。風やゴムの力の大きさを変えると，物が動く様子も変わることもわかっています。

○　実験をして，物から音が出たり伝わったりするとき，物は震えていることがわかりました。音の大きさが変わるときは，物の震え方が変わること

も理解できていました。

△　日光は，直進したり，反射したりすることを理解しました。鏡を使って日光を集めると，日光が重なっているところはあたたかさや明るさが違うことについては理解がもうひと息なので指導しました。

(2) 思考・判断・表現　▶所見のポイント

- 風の強さやゴムの伸びを変えたときの物の動く距離の違いを比較して問題を見いだし，表現する
- 日光とあたたかさとの関係について比較して問題を見いだし，表現する
- 物から音が出たり伝わったりするときの震え方を比較して問題を見いだし，表現する
- 磁石につく物とつかない物や，磁石の極の性質について比較して問題を見いだし，表現する
- 電気を通す物と通さない物を回路を使い比較して問題を見いだし，表現する

◎　乾電池と豆電球をつないだ二つの箱で，一つは点灯していて，もう一つは消えているのを見て，「どんな物が電気を通すのだろう」という問題を作り，友達にわかりやすく発表することができました。

◎　磁石を使った「魚釣りゲーム」をして，そこから「磁石にはつく物とつかない物があるのだろうか」という問題を作り，発表しました。

○　日光を当てたときの明るさやあたたかさの様子について，差異点や共通点をもとに問題を見いだすことができました。

○　磁石を身の回りの物に近づけたときの様子について，差異点や共通点をもとに問題を見いだすことができました。

△　風で動く車を作る活動で，風の強さによって動き方が違うのを見て問題を作ろうとしていましたが，考えることが難しいようなので指導しました。

(3) 主体的に学習に取り組む態度　▶所見のポイント

- 風やゴムの力で動く物に興味・関心をもち，進んで動きを調べる
- 光の進み方や明るさについて興味・関心をもち，進んで調べる
- 物から音が出たり伝わったりするときの様子について関心をもち，進んで調べる
- 磁石につく物は何かに興味・関心をもち，進んで調べる
- 豆電球に明かりがつくときのつなぎ方に興味・関心をもち，進んで調べる

◎　どのように回路を作れば，電気が流れるのか，進んで問題を作りました。友達と協力しながら意欲的に実験をして調べ，問題解決に取り組みました。

◎　磁石の極についての問題を作り，どのようなときに引き合い，どのようなときに退け合うのか主体的に解決しました。友達にアドバイスするなど助け合って活動しました。

○　風やゴムの力で物が動く様子について，積極的に問題を見いだし，その問題を解決する活動を意欲的に行っていました。

○　磁石につく物とつかない物を調べる実験をしているとき，磁石になる物があったのを見て「どうすれば，磁石を作れるのか」積極的に調べていました。

△　音を出したときの物の震え方の違いについて，とらえることが難しかったようです。意欲を失いそうでしたので，物の震え方の違いを見つける視点を与えて支援しました。

3. 生命

(1) 知識・技能

▶所見のポイント

- 植物や昆虫の体のつくりや成長を観察し，記録する
- 植物や昆虫の様子やその周辺の環境との関わりを観察し，記録する
- 植物や昆虫の体のつくりや成長についてわかる
- 生物は関わり合って生きていることがわかる

理科

◎ 校庭に出て，植物や昆虫を観察して，生物には色や形や大きさなど姿に違いがあることを発見して，学級で発表しました。公園の生物にも違いがあることを確かめ，理解を深めました。

◎ 校庭に出て，いろいろな昆虫を観察しました。昆虫は食べ物があるところ，住みかの近く，卵を産むところなどで見つけることができることを発見して発表するなど，理解が深まっています。

○ 飼育している昆虫を観察して，昆虫の体は頭，胸および腹からできていて，足は六本あり胸から出ていることを発見しました。友達も納得していました。

○ 育てている植物をていねいに観察して，どの植物も根，茎および葉からできていることを発見しました。ほかの植物も観察して同じであることを確かめていました。

△ 昆虫の育ち方は，卵から幼虫，さなぎ，成虫と一定の順序があることを理解していましたが，さなぎにならない不完全変態については理解がもうひと息でしたので指導しました。

(2) 思考・判断・表現

▶所見のポイント

- 昆虫同士や植物同士を比較して問題を見いだし，表現する
- 昆虫などの生物の様子とその周辺の環境の関わりを比較して問題を見いだし，表現する

◎　モンシロチョウとショウリョウバッタを育てていて「昆虫は種類によって姿かたちは少し違うが，足の数や体のつくりは同じ。育ち方はどうだろう」という問題を作り，わかりやすく発表することができました。

◎　ヒマワリとオクラを育てる活動で，「形は違うが子葉が出て葉が出るのは同じで，葉の形や茎からの付き方は違う。花はどうだろうか」という問題を作り，堂々と発表していました。

○　校庭に出て，昆虫などの動物を観察しているとき，同じような場所で同じ種類の昆虫を見つけて「なぜ昆虫は種類によって同じような場所で見られるのだろうか」という問題を作ることができました。

○　ヒマワリとオクラを育てているとき，「植物は種類によって葉の形は違うが，育ち方は似ている。これから観察していて，この考え方は正しいだろうか」という問題を見いだすことができました。

△　校庭で生物の観察をしていたとき，昆虫を追いかけることに夢中になってしまっていたので，観察の視点を示し，指導しました。

(3) 主体的に学習に取り組む態度　▶所見のポイント

- 昆虫や植物のつくりや育ち方に興味・関心をもち，進んで観察する
- 昆虫などとその周辺の環境について興味・関心をもち，進んで調べる

◎　植物を観察するとき，多くの植物を観察しようと，友達を誘って自分たちで問題を作り，意欲的に友達と協力し合いながら観察をして，多くの記録から調べていました。

◎　昆虫を観察しているとき，友達の昆虫の観察記録も一緒に見合って，昆虫は種類によって，どのような違いがあり，どのようなところが同じなのか主体的に解決しました。友達にアドバイスするなど助け合っていました。

○　育てている植物の様子について，進んで問題を作り，その問題を解決する活動を意欲的に行っていました。

○　昆虫を観察しているとき，「何を食べているのか」「口の形はどうなっているのか」など問題を見いだし積極的に調べました。

△　育てている植物について，初めはていねいに観察記録をとっていました。観察が長期にわたるうちに，だんだん関心がうすくなってしまったようなので，観察を進んで行えるよう支援しました。

理科

4. 地球

(1) 知識・技能　▶所見のポイント

- 太陽の動きと地面の様子との関係を，観察によって確かめる
- 太陽は，東から昇って南の高いところを通り，西に沈むことがわかる

◎　地面は太陽によってあたためられ，日なたと日かげでは，地面のあたたかさが違うことや湿り気に違いがあることを，土を触った感じで理解しました。温度計や湿度計で測ると正確に調べられることも理解しました。

◎　日かげは太陽の光をさえぎるとでき，日かげの位置は太陽の位置によって変わることを「影踏み遊び」から理解しました。より確かにするために，日時計を作って，太陽の位置と日かげの位置について調べました。

○　地面は太陽によってあたためられ，日なたと日かげでは，地面のあたたかさが違うことを，土を触った感じで表現しました。温度計で測ることで正確なデータが出ることを理解できました。

○　日かげは太陽の光をさえぎるとでき，日かげの位置は太陽の位置によって変わることを体感するため「影踏み遊び」をしました。遊びのなかから日かげのでき方や日かげの位置の変化について理解できました。

△　太陽が，東の方から南の高いところを通って西の方へと動いていくことを観察によって理解しました。地面の温度と湿り気が，太陽の動きと関係していることについての理解はもうひと息なので，指導しました。

(2) 思考・判断・表現　▶所見のポイント

- 日なたと日かげの地面の様子の違いなどを比較して問題を見いだし，表現する

◎　日かげの位置が太陽の位置によって変わることを体感するため「影踏み遊び」をしました。遊びを通して「日かげの位置と変化は太陽とどのような関係があるのか」という問題を作り，わかりやすく発表できました。

◎　地面は太陽によってあたためられ，日なたと日かげでは，地面の様子が違うことに疑問をもち「日なたと日かげでは，地面のあたたかさや湿り気に違いがあるのだろうか」という問題を作り，発表しました。

○　日かげは太陽の光をさえぎるとでき，日かげの位置は太陽の位置の変化によって変わることを体感するため「影踏み遊び」をしました。そのときの様子から，差異点や共通点をもとに問題を見いだすことができました。

○　地面は太陽によってあたためられ，日なたと日かげでは，地面のあたたかさが違うことを，土を触った感じで疑問に感じました。そのときの様子から，差異点や共通点をもとに問題を見いだすことができました。

△　日かげは太陽の光をさえぎるとでき，日かげの位置は太陽の位置の変化によって変わることを体感するため「影踏み遊び」をして問題を作ろうとしました。太陽の位置の変化をとらえ，考えることがもうひと息でしたので指導しました。

(3) 主体的に学習に取り組む態度　▶所見のポイント

- 日かげの位置と太陽の動きとの関係について興味・関心をもち，進んで調べる

◎　日なたと日かげでは，地面のあたたかさや湿り気に違いがあることを，土を触った感じで気づきました。あたたかさや湿り気はどのように調べられるのか，問題を作り意欲的に友達と協力して実験をして調べました。

◎　「影踏み遊び」を通して「日かげの位置と変化は太陽とどのような関係があるか」という問題を作り，主体的に解決しました。友達に助言したり協力し合うことができました。

○　地面は太陽によってあたためられ，日なたと日かげでは地面のあたたかさが違うことを，土を触った感じで疑問に思いました。地面の様子について積極的に問題を作り，その問題を解決する活動を意欲的に行いました。

○　日かげは太陽の光をさえぎるとでき，日かげの位置は太陽の位置の変化によって変わることを体感するため「影踏み遊び」をしました。遊びを通して問題を見いだし，主体的に調べました。

△　日なたと日かげでは，地面のあたたかさが違うことや湿り気に違いがあることを調べました。観察場所が校庭のため，遊べないことに気持ちが向き，意欲を失いかけそうなときがあるので，目的を思い出すよう支援しました。

7 理科［4年］

総合所見

主な学習項目	
粒子（物質）	● 空気と水の性質 ● 金属，水，空気と温度
エネルギー	● 電流の働き
生命	● 人の体のつくりと運動 ● 季節と生物
地球	● 雨水の行方と地面の様子 ● 天気の様子 ● 月と星

評価の言葉（例）	
知識・技能	● 器具や材料を見つける，作る，使う ● 観察，実験の過程や結果を記録する ● 学んだことを活用してものづくりをする ● きまりや性質がわかる ● 関係がわかる ● 実感をともなってわかる
思考・判断・表現	● 比較して変化の要因を関係づけて考える ● 問題を見いだし，根拠のある予想や仮説を発想し，表現する ● 違いを見つけ考える ● 問題を解決する ● 見つけたり考えたりしたことを表現する
主体的に学習に取り組む態度	● 進んで○○する ● 観察や実験をしようとする ● 生物を大切に育てる ● 生活に生かそうとする

◎ 乾電池の数やつなぎ方を変えると，電流の大きさや向きが変わり，モーターの回る速さが変わることについて，簡易検流計を使って回路の電流の大きさを調べました。その過程や結果を正確に記録できました。

◎ 既習内容や生活経験を学習に生かしています。モーターの回る速さが変わることを，電池のつなぎ方や電池の数を比較して，回路に流れる電流の大きさと関係づけて，根拠のある予想や仮説を発想しました。

◎　実験の結果を理解に結びつけることができます。金属は熱せられた部分から順に温まり，水や空気は熱せられた部分が移動して全体が温まることを，正確な実験から調べ，理解できました。

◎　閉じ込めた空気の性質について，問題を解決する活動ができていました。これまでの学習を振り返ったり，生活経験をもとに，根拠のある予想や仮説を発想し，友達にもわかりやすく説明できました。

○　ていねいに実験をするので，空気や水や金属は，温めたり冷やしたりすると，その体積が変わることを理解できていました。比較する考え方もでき，体積の変わり方は空気や水や金属で違うことも理解できました。

○　身近な動物や植物について，春の始まりとなかばを比較して積極的に問題を見いだし，根拠のある予想や仮説を考えることができました。問題を解決するために毎日観察をし，進んで調べました。

○　電流の働きの授業で，乾電池の数やつなぎ方によって，モーターの回転する速さが変わることを，回路に流れる電流の大きさと関係づけて考えました。自分の考えを，図でかいたり，表にしたりして表現できました。

○　雨水の行方と地面の様子の授業で，水のしみ込み方は，土の粒の大きさによって違いがあることや，水は，水面や地面から蒸発し水蒸気になって空気中に含まれることを，粘り強い観察や正確な実験から理解しました。

△　乾電池の数やつなぎ方によって，モーターの回転する速さが変わる実験を見て，つなぎ方による電流の強さを予想できました。根拠を考えることが難しかったようなので，これまでの学習を振り返るよう助言しました。

△　閉じ込めた空気や水の性質について問題を考える学習で，考える手がかりがつかめないようなので，閉じ込めた袋の空気と水をよく触って，根拠のある予想や仮説を書き出すように指導しました。

1. 粒子（物質）

(1) 知識・技能　▶所見のポイント

- 空気や水をおし縮める実験を行い，結果を記録する
- 空気の体積とおし返す力の大きさとの関係や水はおし縮められないことがわかる
- 金属，水，空気の温度による体積の変化について，実験器具を使って調べる
- 金属，水，空気は温度によって体積が変化することがわかる

◎　金属は熱せられた部分から順に温まり，水は熱せられた部分が移動して全体が温まり，空気も熱せられた部分が移動して全体が温まることを正確な実験から調べ，理解できました。

◎　水は，温度によって水蒸気や氷に変わること，また，水が氷になると体積が増えることを，何度も実験して調べ，その過程や結果を正確に記録し，理解しました。

○　空気の性質について，器具や機器を正しく扱いながら調べ，それらの過程や得られた結果をわかりやすく記録しました。

○　空気や水や金属は，温めたり冷やしたりすると，その体積が変わることを理解できました。また，体積の変わり方は空気や水や金属で違うことも理解できました。

△　閉じ込めた空気をおすと，体積が小さくなることは理解できましたが，おし返す力については意識していなかったので指導しました。

(2) 思考・判断・表現　▶所見のポイント

- 空気の体積と元に戻ろうとする力の大きさとを関係づけて考え問題を見いだし，根拠のある予想や仮説を発想し，表現する
- 空気や水，金属の体積の変化を温度と関係づけて考え問題を見いだ

し，根拠のある予想や仮説を発想し，表現する

◎　水の体積と温度とを関係づけて見いだした問題について，これまでの学習内容や生活経験から思い出して予想や仮説を立て，みんなに発表しました。実験のやり方についてもわかりやすく説明していました。

◎　閉じ込めた空気の性質について，問題を解決する活動をするなかで，これまでの学習の振り返りや生活経験をもとに，根拠のある予想や仮説を発想し，友達にもわかりやすく表現していました。

○　空気の体積と温度とを関係づけて見いだした問題について，既習の内容や生活経験をもとに，根拠のある予想や仮説を発想することができました。

○　空気，水，金属のあたたまり方について問題を見いだし，比較するなどして，根拠のある予想や仮説を考えることができました。

△　閉じ込めた空気や水の性質について問題を見いだし，予想を考えることができました。根拠を考えることが難しいようなので，既習の内容や生活経験をもとに考えるように指導しました。

(3) 主体的に学習に取り組む態度　▶所見のポイント

- 空気や水の性質に興味・関心をもち，進んで調べる
- 金属，水，空気の温度の変化と体積の変化の様子に興味・関心をもち，進んで調べる

◎　水は，温度によって水蒸気や氷に変わること，また，水が氷になると体積が増えるという性質に興味をもって，学習や生活のなかで生かしていこうとしていました。

◎　金属や水，空気は，温めたり冷やしたりすると，体積が変わるが，その程度には違いがあることを知りました。学んだことを学習や生活に生かそうとしていました。

○　閉じ込めた空気や水の性質についての事物・現象に進んで関わり，問題を解決しようとしていました。

○　空気を温めたり冷やしたりしたときの事物・現象に着目し，作った問題への根拠のある予想や仮説を進んで発想しようとしていました。

△　閉じ込めた空気や水の性質についての学習では，調べることに関心がうすかったようです。今までの学習と同じように，積極的に取り組めるよう，実験結果を見直すことを支援しました。

2. エネルギー

(1) 知識・技能

▶所見のポイント

- 電池を正しくつないだり，簡易検流計を適切に操作したりする
- 電池のつなぎ方と電流の大きさとの関係や，乾電池と光電池についてわかる

◎　乾電池の数やつなぎ方を変えると，電流の大きさや向きが変わり，モーターの回る速さが変わることを調べました。簡易検流計を使って乾電池の回路の電流を調べ，その過程や結果を正確に記録しました。

◎　簡易検流計を使って直列つなぎと並列つなぎの回路の電流の大きさを調べました。その過程や結果を正確に記録し，乾電池の数やつなぎ方を変えると，モーターの回る速さが変わることを理解しました。

○　簡易検流計を正しく操作して，乾電池の直列つなぎと並列つなぎの回路の電流の大きさを調べる実験ができました。その過程や結果を正確に記録しました。

○　簡易検流計を使って，乾電池の直列つなぎと並列つなぎの回路の電流の大きさを調べる実験から，乾電池の数やつなぎ方を変えると，モーターの回る速さが変わることを理解しました。

△　乾電池の数やつなぎ方を変えると，モーターの回る速さが変わることを，実験結果から十分理解できていなかったので，結果からわかったことをどのように整理するかについて指導しました。

(2) 思考・判断・表現　▶所見のポイント

- 電流の強さとその働きを関係づけて考え問題を見いだし，根拠のある予想や仮説を発想し，表現する

◎　電池のつなぎ方や電池の数を比較することによって，モーターの回る速さが変わることを，回路に流れる電流の大きさと関係づけて考え，これまでの学習内容や生活経験を生かし，友達にもわかりやすく表現しました。

◎　電流の大きさを調べる活動で，電池のつなぎ方や電池の数を比較しました。モーターの回る速さの変化を，回路に流れる電流の大きさと関係づけて考え，根拠のある予想や仮説を発想し，発表することができました。

○　乾電池の数やつなぎ方によって，モーターの回転する速さが変わることを回路に流れる電流の大きさと関係づけて考え，図でかいたり，わかりやすく表にしたりして表現できました。

○　乾電池の数やつなぎ方によって，モーターの回転する速さが変わることを回路に流れる電流の大きさと関係づけて，根拠のある予想や仮説を考えることができました。

△　乾電池の数やつなぎ方によって，モーターの回転する速さが変わる実験を見て，つなぎ方による電流の強さを予想できました。根拠を考えることが難しいようなので，これまでの学習を振り返るよう指導しました。

(3) 主体的に学習に取り組む態度　▶所見のポイント

- 電流の働きに興味・関心をもち，進んで調べる

◎　乾電池の数やつなぎ方を変えたときのモーターの回り方の違いに着目し，進んで意欲的に問題を作り根拠のある予想や仮説を考えていました。

◎　電流の働きの学習で，乾電池の数やつなぎ方を変えたときのLED電球の光り方の違いに着目し，進んで問題を解決しました。いろいろな実験を粘り強く行い，正確な実験結果を整理していました。

○　乾電池の数を変えたときのLED電球の光り方の違いに気づきました。興味をもって進んで調べようとしていました。

○　乾電池のつなぎ方を変えたときのモーターの回る速さの違いから作った問題の予想を，進んで考えようとしていました。

△　モーターを乾電池につないだときのモーターの回り方に着目できました。乾電池の数を変えることは友達に任せてしまうことがありましたので，これまでの活動と同じように，自信をもって調べるよう指導しました。

3. 生命

(1) 知識・技能　▶所見のポイント

- 自分の体に触って骨と筋肉の動きをとらえる
- 人の体を動かすのは，骨と筋肉の働きによることがわかる
- 動物や植物の季節ごとの活動や成長を調べ，まとめる
- 植物の成長や動物の活動は季節と関係があることがわかる

◎　春，夏，秋，冬と，季節が変化するなかで，育てている植物はどのように成長しているか，正確な観察記録を整理し結論をまとめることができました。

◎　腕の骨や筋肉は，どのようなつくりになっていて動かすことができるのか，自分の腕を触ったり，インターネットや図鑑で調べたりして，結論をまとめることができました。

○　春の身近な動物の活動や植物の成長について，器具や機器を正しく扱って調べ，その過程や結果を正確に記録しました。

○　人が体を動かすことができるのは，骨，筋肉の働きによることを自分の腕を触って教科書も参考にして理解しました。

△　季節と生物の学習では栽培活動が長期にわたるため，途中で水やりなどの栽培活動を忘れてしまうことがありました。植物の育て方をもう一度復習できるよう支援しました。

(2) 思考・判断・表現　▶所見のポイント

- 骨と筋肉が運動とどう関わっているかを考え問題を見いだし，根拠のある予想や仮説を発想し，表現する
- 動物や植物の様子の違いを気温と関係づけて考え問題を見いだし，根拠のある予想や仮説を発想し，表現する

◎　身近な動物や植物について「生物の様子は，季節によって，どのように変わっていくのか」という問題を見いだし，その問題に対し，これまで学習した内容や生活経験から予想を考え，わかりやすく発表できました。

◎　人やほかの動物を比較して「体を動かす仕組みは人とほかの動物で違いがあるのか」という問題を見いだして，これまで学習した内容や生活経験をもとに予想を考えました。友達にもわかりやすく表現しました。

○　春の始まりとなかばで身近な動物や植物を比較して，「生物の様子は，季節によってどのように変わっていくのか」という問題を見いだしました。問題に対し，これまで学習した内容や生活経験から予想を考えました。

○　人やほかの動物の学習で，「どのような仕組みで体を動かすことができるのか」という問題を見いだして，これまで学習した内容や生活経験をもとに予想を考えることができました。

△　人やほかの動物について，問題を見いだしました。予想は考えられましたが，根拠を説明することが難しいようなので，これまで学習した内容や生活経験を思い出すように助言しました。

(3) 主体的に学習に取り組む態度　▶所見のポイント

- 骨と筋肉との関係に興味・関心をもち，進んで調べる
- 身近な動物の活動や植物の成長と季節との関係に興味・関心をもち，進んで調べる

◎　身近な動物や植物について「生物の様子は季節によって，どのように変わっていくのか」という問題を見いだし，これまでの学習内容や生活経験から予想し，長期にわたる観察も意欲を失わず続けることができました。

◎　「体を動かす仕組みは，人とほかの動物で違いがあるのか」という問題を見いだしました。これまで学習した内容や生活経験をもとに予想し，図書館で調べたり養護教諭に聞いたりして，進んで問題を解決しました。

○　身近な動物や植物について，春の始まりとなかばを比較して意欲的に問題を見いだしました。見いだした問題を解決するために毎日観察をし，進んで調べようとしていました。

○　夏の身近な動物や植物について，暑いなかでも意欲的に友達を誘って何回も観察をしていました。あきらめずに観察を続けたので，問題の解決につながりました。

△　人やほかの動物の観察については，関心がうすいようでした。見いだした問題について，意欲的に解決することができるよう，身近な動物について観察してみることを支援しました。

4. 地球

(1) 知識・技能

▶所見のポイント

- 雨水の行方としみ込み方を調べ，とらえる
- 水の流れ方や，しみ込み方がわかる
- 気温を正しく測り，記録する
- 天気によって，1日の気温の変化に違いがあることがわかる
- 月や星の動き方を正確に観察する
- 月や星の特徴や動きについてわかる

◎ 星の観察を毎日続けていたので，星には明るさや色の違うものがあることが理解できていました。さらに星の集まりは，1日のうちでも時刻によって，並び方は変わらないが，位置が変わることも理解しました。

◎ 雨水の行方と地面の様子について，実験器具などを正しく扱い調べました。水のしみ込み方は，土の粒の大きさによって違いがあることや，水たまりの水は蒸発し水蒸気になって空気中に含まれていくことを理解しました。

○ 雨が降っているときと，雨が降ったあとの校庭に出て，雨水の行方と地面の様子について，実験器具や実験機器を正しく扱いながら調べ，その過程や結果を正確に記録しました。

○ 水のしみ込み方は，土の粒の大きさによって違いがあることや，水は，水面や地面から蒸発し水蒸気になって空気中に含まれていくことを，観察や実験から理解しました。

△ 「天気がどのように変化するのか」という問題について，観察を続けることが難しかったようです。天気の変化について，興味をもって観察技能や理解が深まるように指導していきます。

(2) 思考・判断・表現　▶所見のポイント

- 雨水の行方と地面の様子を関係づけて考え問題を見いだし，根拠のある予想や仮説を発想し，表現する
- 1日の気温の変化と天気とを関係づけて考え問題を見いだし，根拠のある予想や仮説を発想し，表現する
- 月や星の動きの変化や，月の形の変化の要因を考え，表現する

◎　夜空の月や星の写真を見て問題を考え，これまで夜空を見上げた経験をもとに根拠のある予想や仮説を考えることができました。考えた根拠のある予想や仮説を，友達にもわかりやすく説明しました。

◎　校庭に出て，雨水の行方と地面の様子について，工夫して調べました。水のしみ込み方や水がなくなることについて問題を見いだし，根拠のある予想や仮説を発想し友達にもわかりやすく表現しました。

○　夜空の星の写真を見て，「実際の夜空の星も色や明るさに違いがあるのだろうか」という問題を考え，これまで夜空を見上げた経験をもとに根拠のある予想や仮説を考えることができました。

○　雨が降っているときと雨が降ったあとの校庭に出て，雨水の行方と地面の様子について問題を見いだし，根拠のある予想や仮説を考えることができました。

△　天気の変化について，予報を出してみたいと考えていました。テレビなどを参考に予報を出すことができましたが，どのような根拠で予報が出せるのか考えることが難しいようなので指導しました。

(3) 主体的に学習に取り組む態度　▶所見のポイント

- 雨水の行方と地面の様子に興味・関心をもち，進んで調べる
- 天気と気温の変化に興味・関心をもち，進んで調べる
- 月や星の特徴や動きについて興味・関心をもち，進んで調べる

◎　「月は時間とともにどのように位置が変化するのか」また「日にちによってどのように形が変化するのか」という問題を見いだし，毎日，毎時間欠かさず観察を続けました。熱心に観察したので変化がわかりました。

◎　「天気がどのように変化するのか」という問題について，毎日粘り強く観察を続け，雲の動きや天気図も新聞やテレビから調べ，進んで問題を解決していました。正確に天気予報をするので，友達も納得していました。

○　自然界のなかの水の様子について，見いだした問題について，根拠のある予想や仮説を考え，進んで問題を解決しようとしていました。

○　月の特徴の学習では，月の形の変化や位置の変化について，作った問題の予想をこれまで月を見て感じたことを根拠にして，意欲的に考えようとしていました。

△　夜空の写真を見て問題を考え，これまでの経験をもとに根拠のある予想や仮説を考えることができました。長期の観察を続けることには関心がうすいようなので，あらためて星や月の動きを示し，観察を継続できるよう支援しました。

8 音楽［3年・4年］

総合所見

主な学習項目		評価の言葉（例）	
表現	◆歌唱 ●曲想と音楽の構造や特徴的な表現 ●範唱を聴いて，楽譜を見て歌う ●発音と呼吸 ●声を合わせて歌う ◆器楽 ●曲想と音楽の構造や特徴的な表現 ●範奏を聴き，楽譜を見て演奏する ●旋律楽器や打楽器の演奏 ●音を合わせて演奏する ◆音楽づくり ●即興的な表現 ●まとまりのある音楽づくり	知識・技能	●○○に気づく ●○○と○○の関わりに気づく ●○○に気をつけて，歌ったり演奏したり，音楽をつくったりする ●音を合わせて歌ったり演奏したりする
鑑賞	●曲想とその変化 ●音楽の構造に気づく ●曲全体を味わう ●言葉で表す	思考・判断・表現	●知識や技能を生かす ●表現を工夫する ●どのように歌ったり演奏したり音楽をつくるかについて，思いや意図をもつ
共通事項	●音楽を形づくっている要素（音色・リズム・旋律・拍など） ●身近な音符，休符，記号	主体的に学習に取り組む態度	●進んで○○する ●○○に興味・関心をもつ ●主体的に○○する ●友達と協働して○○する ●楽しんで○○する

◎　歌唱の学習で，意欲的に学習に取り組みました。歌詞の内容を想像し，発音や呼吸を工夫して，自然なのびのびとした声で歌うことができました。周りの友達の声を聴き，声を合わせて歌うこともできています。

◎　器楽の学習で，リコーダー奏に主体的に取り組み，息の速さやタンギングを意識して，美しい音で演奏することができました。二重奏では，同じパートの友達の音を聴き，音を合わせて表現することができました。

◎　音楽づくりの学習で，打楽器の音色の違いを感じ取り，音の組み合わせを工夫してまとまりのある音楽をつくりました。同じグループの友達と意見交換をしながら，活発に学習に取り組むことができました。

◎　鑑賞の学習で，体全体で曲想を感じ取りながら聴き進めました。リズムや旋律，音の重なり合う響きなどの楽曲のよさについて，ワークシートにまとめることができました。

○　歌唱の学習で，ハ長調の楽譜に親しみ，簡単な旋律を視唱できるようになりました。それを生かして新しい曲もすぐに覚え，のびのびとした声で歌うことができました。

○　リコーダーや木琴などを演奏する器楽の学習で，基礎的な技能を身につけました。同じパートの友達と協力し，教え合ったり音を合わせたりしながら練習を進めている様子が見られました。

○　言葉を使ったリズムアンサンブルづくりでは，同じパートの友達と楽しんで学習に取り組む様子が見られました。言葉の抑揚やアクセントを生かして，まとまりのある音楽をつくることができました。

○　おはやしなどの日本の音楽を聴く学習で，お祭りの様子を思い浮かべながら，楽しんで曲を聴いていました。それぞれの楽器の音色や特徴についてもわかりました。

△　器楽の学習で，基本的な奏法を身につけることができました。全体で音を合わせることが課題だったので，拍を感じながら，周りの友達と音を合わせて演奏できるように助言しました。

△　鑑賞の学習で，曲想の変化を聴き取り，情景を思い浮かべながら聴くことができました。聴いて感じたことについて，自分の言葉で表すことができるように，ヒントカードを提示しながら指導しました。

1. 表現（歌唱）

（1）知識・技能　▶所見のポイント

- 曲想と歌詞の内容との関わりに気づく
- 範唱を聴いて，楽譜を見ながらリズムや旋律を歌う
- 呼吸や発音の仕方を工夫して，自然な声で歌う
- 友達の声や伴奏を聴きながら，声を合わせて歌う

◎ 歌詞の情景を思い浮かべながら，歌詞がはっきりと伝わるような発音を意識し，美しい声で歌うことができました。また，伴奏を聴きながら，学級の友達と声を合わせて歌うことができました。

○ 歌唱の学習で，自然で無理のない美しい声で，堂々と声を出し，伴奏やほかのパートの音を聴きながら歌うことができました。

△ 楽譜を見て，リズムの特徴をとらえたり，音の高さに気をつけて歌ったりすることができました。呼吸や発音に気をつけて，柔らかな声を出すことができるように指導しました。

（2）思考・判断・表現　▶所見のポイント

- 知識や技能を生かして表現を工夫する
- 曲の特徴に気づき，どのように歌うかについて思いや意図をもつ
- 思いや意図を言葉や音楽で伝え合う

◎ 歌詞の表す気持ちを想像し，旋律やリズム，フレーズなどの特徴に気づきました。曲の内容にふさわしい表現の仕方を工夫し，どのように歌うのかについて，自分の考えをもち，発表することができました。

○ 曲の強弱や速さの変化などを感じ取り，曲の情景に合わせて想像力豊かに表現できるように，歌い方を工夫することができました。

△ 歌詞が表す情景を想像することができました。どのように表現したらよ

いかについて，声の強弱や発音をヒントに表現を工夫するように指導しました。

(3) 主体的に学習に取り組む態度　▶所見のポイント

- さまざまな歌唱表現に興味・関心をもち，主体的に歌ったり表現したりする
- 友達と関わり協働しながら，歌う活動をする

◎　合唱に関する興味・関心が高まっています。自然で無理のない声でのびのびと歌い，友達の声を聴き合いながら，歌うことを楽しむ様子が見られました。また，朝の会で合唱する曲を選ぶ係に進んで参加しました。

○　自然で無理のない発声で，のびのびと歌うように意識している様子が伝わりました。範唱や伴奏をよく聴きながら，いろいろな曲を積極的に練習しました。

△　さまざまな曲に興味・関心をもち，積極的に歌おうとしています。友達の声をしっかりと聴きながら，気持ちを合わせて歌うことができるように指導しています。

2. 表現（器楽）

(1) 知識・技能　▶所見のポイント

- 曲想と音楽の構造との関わりや，楽器の特徴に気づく
- 範奏を聴いたり楽譜を見たりして，正しく演奏する
- 楽器の特徴を生かして，旋律楽器や打楽器を演奏する
- 互いの音や伴奏を聴いて音を合わせて演奏する

◎　「○○」の合奏で，木琴に取り組みました。たたき方やマレットの持ち方に気をつけて，木琴らしい美しい音で演奏しました。同じパートの友達の演奏も聴き，力強い曲想に合う音で演奏することができました。

○　器楽表現では，学級全体で合奏に取り組み，初めてアコーディオンを担当しました。正しい奏法を意識し，周りの音をよく聴いて，気持ちを合わせて演奏することができました。

△　器楽の学習で，「○○」の合奏をしました。□□さんは，大太鼓を担当し，同じ打楽器の友達と拍を感じながら音を合わせて演奏することができました。曲全体の音のバランスにも気をつけるように指導しました。

(2) 思考・判断・表現　▶所見のポイント

- 曲想に合わせて，演奏の仕方を工夫する
- 曲の特徴に合う表現を工夫し，どのように演奏するかについて思いや意図をもつ
- 思いや意図を言葉や音楽で伝え合う

◎　「○○」の合奏で，鉄琴に取り組みました。楽しい曲想を表現するために，明るい音色で演奏しようという思いをもち，演奏の仕方を工夫しながら表現することができました。

○　リコーダーの演奏で，曲想に合った表現を工夫しました。「○○」の合奏では曲想にふさわしい音色を考え，演奏の仕方を工夫して，明るく楽しい演奏にしようとしました。

△　器楽の学習では木琴を担当し，木琴らしい音色で演奏ができるように演奏の仕方を工夫しました。優しい感じの曲想を感じ取って表現できるように，表現方法を助言しました。

(3) 主体的に学習に取り組む態度　▶所見のポイント

- さまざまな演奏に興味・関心をもち，主体的に楽器の演奏をする
- 友達と関わり協働しながら，楽器の演奏を楽しむ

◎　鉄琴の演奏に興味・関心をもち，意欲的に練習しました。「○○」の合奏のパート練習では，友達と協力し合い，さらに演奏が上達するにはどう

したらよいのか意見交換しながら，合奏を仕上げることができました。

○　リコーダーの練習に熱心に取り組みました。「○○」の範唱や教師の演奏を注意深く聴き，自分の演奏に生かそうとしました。タンギングの仕方や指使いも覚えて，主体的に課題曲の練習に取り組むことができました。

△　リコーダーの音色に興味・関心をもち，練習に取り組みました。友達と一緒に行うグループ演奏などで，互いの音を聴き合うことにも関心を向けられるように支援しています。

音楽

3. 表現（音楽づくり）

（1）知識・技能　▶所見のポイント

- 音の響きと組み合わせ方の特徴に気づく
- 音やフレーズのつなげ方や重ね方の特徴に気づく
- 即興的に表現する
- 音楽の仕組みを生かして音楽をつくる

◎　「手拍子でリズム」の音楽づくりの学習で，リズムの繰り返しや変化を工夫して，まとまりを意識しながら音楽をつくりました。複雑なリズムも組み合わせて，完成度の高い作品をつくることができました。

○　音の特徴を生かして音楽をつくる学習で，打楽器のたたく場所などによって，音色や響きが変わることに気づきました。わかったことについて，図譜としてワークシートにまとめることができました。

△　「言葉でリズムアンサンブル」の学習で，言葉をつなげて即興的に音楽をつくりました。アクセントをつけたり，発音を変えたりするとさらによいので，変化を生かした表現ができるように助言をしました。

(2) 思考・判断・表現

▶所見のポイント

- 即興的な表現から，発想を得る
- 見通しをもちながら音を音楽へと構成する
- まとまりを意識し，思いや意図をもつ

◎　「おかしのすきなまほうつかい」の音楽づくりの学習で，音の響きからイメージをふくらませ，楽器の組み合わせ方を工夫しました。思いや意図をもち，自分の言葉でまとめることができました。

○　リコーダーを使った旋律づくりの学習で，2小節の旋律をつくることができました。その旋律の終わりの音の特徴に気づき，同じグループの友達と一緒に旋律のつなげ方を工夫することができました。

△　即興的な音楽づくりの学習で，身の回りのものから生まれる音のおもしろさに気づくことができました。さらにさまざまな音の響きや組み合わせを楽しみながら，自分の表現に生かせるように指導しました。

(3) 主体的に学習に取り組む態度

▶所見のポイント

- 音楽づくりに興味・関心をもつ
- 友達と協働しながら，即興的な表現や音楽づくりを楽しむ

◎　自分のイメージを豊かにふくらませ，思いをもって，音楽づくりを楽しもうとしています。音に対する興味・関心が高く，作品をよりよいものにしようとする態度が見られました。

○　リコーダーの「シ・ラ・ソ」の音をつかった即興的な表現の学習で，リズムを工夫し，堂々と発表することができました。

△　グループの友達と一緒に「音づくり」をする学習で，さまざまな楽器の音色への関心を高めました。気づいたことを発表することが苦手だったので，自分の思いを伝えられるように指導しました。

4. 鑑賞

(1) 知識・技能　▶所見のポイント

- 曲想とその変化を音楽の構造との関わりで感じ取る

◎　鑑賞の学習で，「◯◯」を鑑賞しました。この曲のおもしろさは，楽器の音の響きや重なり方の違いにあることに気づき，曲や演奏のよさを感じ取りながら，曲全体を味わって聴くことができました。

○　「◯◯」の鑑賞で，曲の主旋律に注目して聴きました。フレーズの変化によって生み出される曲想の違いに気づくことができました。

△　鑑賞の学習で，リズムや強弱，速度などの音楽を形づくっている要素に着目して音楽を聴くことができました。その要素と曲想の関わりにも気づくことができるよう，ヒントカードを示しながら指導しました。

(2) 思考・判断・表現　▶所見のポイント

- 知識を生かして，曲や演奏のよさを見つけ，楽曲全体を味わって聴く
- 曲のリズムや旋律，楽器の音色や速さなど，音楽を形づくっている要素や曲想の変化を感じ取って，聴く
- 楽曲を聴いて，感じたことについて，言葉で表現する

◎　「白鳥」の鑑賞で，チェロとピアノの二つの音の重なり合いが生み出す曲想に気づきました。ほかにも旋律の動きやリズムなどの，楽曲のよさについて，わかりやすくワークシートにまとめることができました。

○　「山の魔王の宮殿にて」の鑑賞で，旋律が繰り返すとともに，楽器の音が増え，だんだんと盛り上がっていく楽曲のおもしろさに気づくことができました。

△　金管アンサンブルの鑑賞で，一つ一つの楽器の音色に気をつけて聴くことができました。さらに金管楽器が組み合わさったときの音楽の響きのよ

さにも着目して聴くように指導しました。

(3) 主体的に学習に取り組む態度 ▶所見のポイント

- さまざまな音楽に興味・関心をもち，興味をもって音楽を聴く
- 曲想やその雰囲気を感じ取りながら音楽を聴こうとする

◎ 鑑賞の学習の際に「どんな音楽だろう」という興味・関心をもって，音楽を聴いている様子が見られました。それぞれの曲を形づくっている要素に注目し，自分の意見を発表することができました。

○ オーケストラ演奏の鑑賞の際，映像を見ているときに目が輝いていました。それぞれの楽器の特徴や音の出し方に興味・関心をもち，積極的に質問するなどして，学習を深めることができました。

△ 鑑賞の際に，静かに落ち着いて，音楽を聴くことができるようになりました。さらに旋律などの曲の特徴を感じ取りながら，想像をふくらませて聴くことができるように指導しました。

9 図画工作［3年・4年］

総合所見

主な学習項目		評価の言葉（例）	
表現	◆造形遊び ● 材料や場所，新しい形や色などをもとに思いつく ● 材料や用具を適切に扱う ● 感覚を十分に働かせ，工夫してつくる ◆絵や立体，工作に表す ● 感じたこと，想像したこと，見たことから，表したいことを見つける ● 材料や用具を適切に扱う ● 感覚を十分に働かせて，表したいことを工夫して表す	知識・技能	● 表現方法に合わせて材料や用具を選択する ● 表現方法に合わせて造形感覚を働かせる ● 表し方を工夫する ● 造形的な特徴がわかる
鑑賞	● 身近にある作品などの鑑賞 ● 造形的なよさやおもしろさ，表したいこと，いろいろな表し方などについて，自分の見方や感じ方を広げる	思考・判断・表現	◆表現 ● 経験・感じたこと・想像したこと・見たことをもとに表したいことを見つける ● 形や色，材料，場所の特徴を生かす ● 用途などを考えている ● 自分のイメージをもってつくる ◆鑑賞 ● よさ・おもしろさ・表したいこと・表し方の見方や感じ方を働かせ鑑賞を広げる
共通事項	● 形や色などの感じがわかる ● 自分のイメージをもつ	主体的に学習に取り組む態度	● 進んで○○する ● 興味，関心をもつ ● 新たな表現方法を試している ● 喜びや楽しさを味わう

◎ 友達と積極的に協力しながら，手や体全体の感覚を働かせて粘土に取り組みました。ひねったり，のばしたりした形からイメージを広げて表したいことを見つけ，意欲的に表し方の工夫を行うことができました。

◎ 架空の世界を作る活動で，材料を選ぶときに友達と話し合い，いろいろな材料を作品に取り入れることができました。計画に沿って素材のよさを生かし，表現を工夫する力が伸びました。

◎ 紙を折ったり，切ったり，組み合わせたりした経験を生かし，形や色な

図画工作

ど表したいことを見つけました。表現に合わせてはさみやカッターナイフを使い分けるなど工夫して作ることができました。

◎ 表したいもののおもしろさや雰囲気が伝わるように，構成や材料の組み合わせの効果を考えることができました。発想豊かに，デザインを工夫して創造的に作ることができています。

○ 造形活動のなかで，一度仕上がった作品をもう一度見直して作り直すなど，表し方を工夫することができました。友達との関わりのなかで生まれた新しい発想を生かす力も伸びています。

○ 木版画を作る活動で，伝えたい内容がよくわかるように彫刻刀を選んだり，彫り方や刷り方を工夫したりしました。想像したことを意欲的に表そうとする態度が育ちました。

○ 形や色，材料を組み合わせるおもしろさ，楽しさに気づき，表現を工夫して作品を作りました。最初に立てた計画を手直ししながら，美しく楽しいものにすることができました。

○ 共同製作では，自分のアイデアだけでなく，友達と話し合いながらアイデアスケッチをし，製作を楽しむことができました。もっと美しく，もっと楽しくしようとするなどの工夫ができています。

△ 材料や用具の特徴を生かして作ることができました。さらに，表現の効果や出来上がりを想像しながら計画を立てるなど，構想することにも気を配るように指導していきます。

△ 材料や用具の特徴を生かした表現をしました。まだ，のこぎりや小刀の使い方に慣れていない面があるようです。安全に十分注意しながら，使う機会を増やしていきます。

1. 表現（造形遊び）

(1) 知識・技能 ▶所見のポイント

- 試行錯誤しながら材料の組み合わせや場所の特徴を生かす
- 初めて試みる表し方に挑む
- 思いのままに作ったり作り直したりする
- 友達との交流を通して，体全体の感覚を働かせて活動する

◎ 体全体を使って，段ボール箱の切り方やつなぎ方を工夫し，形を変えていく活動をしました。友達と自分の段ボール箱とを比べ，よりおもしろい，楽しい組み合わせ方を工夫する力が育っています。

○ 段ボール箱の形を生かした活動を工夫することができました。段ボールカッターを使い，切り込みや穴を開けたり，組み合わせたり組み替えたりするなど，思いついたことを試しながら表現できました。

△ これまでの経験をもとに，ダンボール箱の特徴を生かして活動できました。さらに，友達と関わり合いながら，新しい工夫に気づき，よりよい表現ができるよう支援しました。

(2) 思考・判断・表現 ▶所見のポイント

- 材料や場所に関わる
- よさや美しさなど自分の感じ方を大切にする
- 新たなイメージや思いをふくらませる

◎ 場所を囲むことから発想を広げ，自分の思いに合った材料を選び，囲んだ空間の内側と外側，光の様子などを感じながら表現することができました。場所と材料の特徴からイメージをもって表現する力が育っています。

○ 材料のよさを感じながら，場所の特徴を生かして表現する力が向上しました。透明ビニールやビニールひもなど，色や質感，幅や長さなどの違いを使い分け，活動しながら発想を広げることができました。

△　材料の質感や色のおもしろさ，美しさに気づき，活動の始まりからイメージをもって取り組みました。場所に働きかけながら，活動の過程でも柔軟にイメージをふくらませることに気づけるように指導していきます。

(3) 主体的に学習に取り組む態度　▶所見のポイント

- 材料や場所をもとに楽しく表す
- 友達と楽しさを共有しながら造形活動を楽しむ

◎　新聞紙をねじったり裂いたりするなど，手や体全体で触った感じの変化を意欲的に見つけようとしていました。また，友達と関わったり，場所の特徴を生かしたりするなど，楽しく進んで表現する力が育っています。

○　友達と気に入った場所を選び，ねじったり裂いたりした新聞紙のつなげ方や組み合わせ方などを相談しながら活動していました。友達と楽しみながら意欲的に活動する態度が育っています。

△　材料や場所に関心をもち，自分の思いを大切にしながら造形活動を楽しもうとしています。さらに，友達と話し合ったり一緒に表現したりできるとよいので，楽しさを共有できるように支援していきます。

2. 表現（絵や立体）

(1) 知識・技能　▶所見のポイント

- 材料や用具を使って，さまざまな表し方を体験する
- 表したいことに合わせて，手や体全体を働かせる
- 今まで経験した材料や用具を生かす

◎　きらきら光る材料を見たり，触れたり，集めたりするなど，材料の形や色の美しさやおもしろさを見つけ，表現する力が伸びています。また，それらの組み合わせ方や重ね方なども工夫して表現できました。

○　自分が表現したいものに合わせて，光る材料の形や色，質感などを選び

表すことができました。これまで使用した材料や用具の経験を生かし，思いに合わせた表し方を考え，工夫していました。

△　きらきら光る材料を使い，表現することができました。初めに思いついた表現にとらわれ，活動が停滞することがありましたので，光る材料の形や色，質感をいろいろ選んで，表現の工夫ができるよう指導しました。

(2) 思考・判断・表現　▶所見のポイント

- 感じたことをもとに表したいことを思いつく
- 色や材料の組み合わせの美しさ，用途などを考える
- 最初の計画に新たな発想を加える
- 友達との関わりのなかで，表したいことを表せるように見通しをもつ

◎　身近にある木々をじっくり見たり，触れたりして感じたことをもとに自分のイメージを大切にし，表したいことを思いつくことができました。表し方を工夫し，形や色の美しさなどを考え構成する力が育っています。

○　身近にある木々の形や色，触れた感じなどから発想を広げ，アイデアスケッチを描き，表現に生かしました。また，イメージに合わせ，描画材の色や描いた感じの違いをどう表現に取り入れるか考えることができました。

△　アイデアスケッチをもとに，身近にある木を描くことができました。表したい感じをより表現するために，できあがった絵を振り返り，形や色の表し方を見直すことができるよう指導しました。

(3) 主体的に学習に取り組む態度　▶所見のポイント

- 夢や冒険心にとんだ表現を試みる
- 組み合わせのおもしろさに気づいて楽しむ
- 表したいことがよく表れるように，描いたり作ったりする

◎　友達と協力し，ビー玉がいろいろな動きをする形や仕組みに関心をもってくぎを打つ感触を楽しみながら，コースを作ることができました。工夫や

表し方のおもしろさに気づき，作る楽しさを味わう態度が育っています。

○ くぎを打つ感触を楽しみ，打つ場所によって動きが変わるビー玉の仕組みに関心をもって，進んでコースを作ることができました。何度も転がしながら，おもしろいビー玉の動きを見つけようとしていました。

△ 作りたい「ビー玉めいろ」になるよう，くぎを打つ感触を楽しんでいました。くぎを打つ場所を変えることによってビー玉の動きが変わることに気づき，新しい表現を楽しみながら挑戦できるよう助言しています。

3. 鑑賞

(1) 知識・技能

▶所見のポイント

- 身近な作品を鑑賞する
- 作品の形や色などの造形的な特徴がわかる

◎ いろいろな用具を使って，絵の具でできる表し方を見つけることができました。思いがけない形や色，その組み合わせなどによって印象や感じ方が違うことがわかり，表現に生かすことができました。

○ 粘土の作品を見て，握る，かき出す，積み上げるなど，さまざまな表し方があることがわかりました。粘土に触れたり変化させたりするなど，形のもつ感じを確かめながら，自分の思いに合わせた形を作りました。

△ 絵の具を使って絵を描く活動で，思いついたものを描くことができました。絵の具を混ぜたり，水を混ぜたりすることによって変わる色の感じの違いに気づき，表現に生かせるよう指導していきます。

(2) 思考・判断・表現

▶所見のポイント

- 表し方や材料の違いがわかる
- 作品を作る過程に関心をもつ
- よさやおもしろさを話し合う

◎　身近にある素材をコレクションする鑑賞活動で，素材のもつ形や色，質感などのよさを感じ取り集めることができました。さらに，友達と見比べたりしながら，自分の見方や感じ方を広げることができました。

○　身近な美術作品からイメージした音について形や色で表し，友達と互いの感じ方や考え方の違いを話し合いました。自分と友達の意見とを比べ，新しい見方や考え方に気づくことができました。

△　作品づくりの過程で，作品を友達と見せ合い鑑賞しました。鑑賞したことを作品づくりに生かせるよう，材料や表し方のよさや違いに気づくための視点を助言しました。

図画工作

(3) 主体的に学習に取り組む態度　▶所見のポイント

- 自分の感じ方や見方を広げようとする
- 表し方や材料の違いなどに関心をもとうとする
- 発想の楽しさをわかり合おうとする

◎　鑑賞会で，友達の作品のおもしろさや工夫などに関心をもって楽しく見ることができました。自分と友達の発想や表したいことの違いに気づき，友達に質問したり，自分の感じたことを積極的に伝えたりしていました。

○　友達の作品のよさに気づき，関心をもって見ることができました。友達が選んだ材料と自分が選んだ材料の違いに気づき，今後の活動に生かそうと意欲を高めていました。

△　友達の作品を，興味をもって楽しみながら見ていました。さらに，自分の表し方と友達の表し方の違いなどに気づくとよいので，比べたり，よさやおもしろさを見つけたりしながら鑑賞できるよう支援しました。

10 体育［3年・4年］

総合所見

主な学習項目	
体つくり運動	●体ほぐしの運動 ●多様な動きをつくる運動
器械運動	●マット運動 ●鉄棒運動 ●跳び箱運動
走・跳の運動	●かけっこ・リレー ●小型ハードル走 ●幅跳び ●高跳び
水泳運動	●浮いて進む運動 ●もぐる・浮く運動
ゲーム	●ゴール型ゲーム ●ネット型ゲーム ●ベースボール型ゲーム
表現運動	●表現 ●リズムダンス
保健	●健康な生活（3年） ●体の発育・発達（4年）

評価の言葉（例）	
知識・技能	●楽しさや喜びにふれる ●行い方を知る ●身につける ●理解する
思考・判断・表現	●課題を見つける ●工夫する ●伝える
主体的に学習に取り組む態度	●進んで○○する ●きまりを守る ●仲良く○○する ●友達の考えを認める ●安全に気をつける ●最後まで努力する

［体育］

◎　タグラグビーで，ボールを手渡したり，パスを出したりしながら，友達と協力して運動する喜びを十分に味わいました。

◎　跳び箱運動で，手をつく位置や着地する位置に目印を置くことで，自分の課題を見つけ，解決するための活動を選びながら運動に取り組んでいました。

◎　小型ハードル走で友達と動きを見合ったときには，友達の考えを認め，仲良く運動していました。

○　水泳運動で，大きく息を吸い込み全身の力を抜くと浮くことを理解し，背浮きやだるま浮きなどいろいろな浮き方ができました。

○　長なわで連続回旋跳びをしたとき，友達と声を出して動きを合わせるなどリズムやタイミングを合わせて動くことができました。

○　表現運動で，友達が考えたダイナミックな動きも取り入れながら仲良く踊っていました。

△　ラインサッカーで，友達と協力して意欲的にゲームに参加しました。勝敗を受け入れられないことがあったので，審判の判定に従うことやフェアプレーの大切さについて指導しました。

[保健]

◎　体をよりよく発育・発達させるための生活について，自分の生活を振り返って課題を見つけ，解決方法を考えて，友達に伝えていました。（4年）

○　健康な生活をするためには，1日の生活リズムに合わせて，運動，食事，睡眠を適切にとることが必要なことを理解していました。（3年）

△　体の成長のためには，バランスのとれた食事や適切な運動，睡眠が必要なことを理解しました。給食で好き嫌いをしないなど，日々の生活のなかに生かしていけるよう支援を続けていきます。

1. 体つくり運動

(1) 知識・技能　▶所見のポイント

- 運動の楽しさや喜びにふれる
- 運動の行い方を知る
- 体を動かす心地よさを味わう
- 基本的な動きを身につける

◎　短なわでリズムよく連続片足跳びや交差跳びができました。友達と跳び方を見合うことで，一緒に運動する楽しさや喜びを味わいました。

○　竹馬に乗るときに，友達と補助し合いながら乗ることができました。竹馬にバランスよく乗る動きが身につきました。

△　一定の速さで続けて走ることが苦手なようでした。リズムよくしっかりと息を吐きながら，走り続けることができる速さを意識するように助言しました。

(2) 思考・判断・表現　▶所見のポイント

- 自分の課題を見つける
- 課題解決のための活動を工夫する
- 考えたことを友達に伝える

◎　長なわを跳ぶときの友達の動きと自分の動きを比べて，自分の課題を見つけ，友達の動きをまねしたり，動きを変えたりしながら解決しようと工夫していました。

○　体ほぐしの運動をすると，心が軽くなることや体の力を抜くと気持ちよいことに気づき，カードに書いていました。

△　ボールを投げたり，捕ったりすることが難しかったので，友達の動きをよく見たり，まねたりして動くよう助言しました。

(3) 主体的に学習に取り組む態度 ▶所見のポイント

- 運動に進んで取り組む
- きまりを守り，だれとでも仲良く運動する
- 友達の考えを認める
- 場や用具の安全に気をつける

◎ 長なわを跳ぶ新たな動きを選ぶとき，友達の考えを受け入れて，ボールをつきながら跳ぶ動きに仲良く取り組むことができました。

○ 用具の準備や後片付けをしようと友達に声をかけ，安全に気をつけながら一緒に行うことができました。

△ 意欲的にフープを使った運動に取り組みました。周りを気にせず行うことがありましたので，安全に運動することの大切さを指導しました。

2. 器械運動

(1) 知識・技能 ▶所見のポイント

- 運動の楽しさや喜びにふれる
- 運動の行い方を知る
- マット運動，鉄棒運動，跳び箱運動の技を身につける

◎ マット運動で，開脚後転が確実にできるようになりました。また，連続して回ったり，他の技と組み合わせて動くことができました。

○ 鉄棒運動で，かかえ込み前回りに何度も挑戦し，正しい支持姿勢をとり回転することができました。

△ 跳び箱で台上前転をすることが難しかったようです。重ねたマットの上で前転をしたり，腰を上げて回転することを意識したりするなど，少しずつ動きが身につけられるよう支援しました。

(2) 思考・判断・表現　▶所見のポイント

- 自分の能力に適した課題を見つける
- 技ができるための活動を工夫する
- 考えたことを友達に伝える

◎　側方倒立回転で，うまくできたところや難しかったところをカードに書いていました。自分の課題を見つけて，練習の仕方を考えていました。

○　鉄棒運動で，補助逆上がりができるように友達と見合い，考えを伝え合いながら技に取り組んでいました。

△　跳び箱運動で，友達の動きを見て考えたことを伝えられないことがありました。手のつき方や着地の仕方，目線をよく見るように助言しました。

(3) 主体的に学習に取り組む態度　▶所見のポイント

- 運動に進んで取り組む
- きまりを守り，だれとでも仲良く運動する
- 友達の考えを認める
- 場や器械・器具の安全に気をつける

◎　跳び箱運動で，めあてを決めて，進んで運動に取り組みました。友達のアドバイスを受け入れながら，仲良く練習し，開脚跳びや台上前転ができました。

○　マットがずれていると，すぐに直して安全を確認してから，次に運動を行う友達に合図を出していました。

△　運動に積極的に取り組んでいますが，跳び箱やマットの安全を確認できないときがありました。周りをよく見て安全に気をつけて運動するよう指導しました。

3. 走・跳の運動

(1) 知識・技能

▶所見のポイント

- 運動の楽しさや喜びにふれる
- 運動の行い方を知る
- かけっこ・リレー，小型ハードル走，幅跳び，高跳びの動きを身につける

◎ リレーで，タイミングよくバトンの受け渡しができました。友達とバトンをつなぐ楽しさや喜びを，心から味わっている様子が見られました。

○ 幅跳びで，強く踏み切り遠くへ跳び，膝を柔らかく曲げて，両足で安全に着地することができました。

△ 小型ハードルをリズムよく走り越えることが苦手なようです。ハードルの間の距離を変えながら，少しずつリズムよく跳べるよう指導しました。

(2) 思考・判断・表現

▶所見のポイント

- 自分の能力に適した課題を見つける
- 動きを身につけるための活動や競争の仕方を工夫する
- 考えたことを友達に伝える

◎ 小型ハードル走で，タブレットで動きを確認して，踏み切り位置に輪を置くなど自分の課題を見つけました。工夫しながら運動に取り組むことができています。

○ リレーで，バトンを受け渡すときの友達のよい動きや変化を見つけて学習カードに書き，伝えていました。

△ 高跳びではリズムよく助走することが難しいようでした。３歩助走をしたり，リズムを声に出したりしながら，自分に合った運動の仕方を選べるよう助言しました。

(3) 主体的に学習に取り組む態度　▶所見のポイント

- 運動に進んで取り組む
- きまりを守り，だれとでも仲良く運動する
- 勝敗を受け入れる
- 友達の考えを認める
- 場や用具の安全に気をつける

◎　幅跳びでは砂場に危険物がないか確認しながら，安全な場の準備をすることができました。

○　リレーでは勝敗を受け入れ，友達のがんばりを認め，たたえることができました。

△　高跳びのバーを跳び越えることに恐怖心があり，意欲がもてなかったようです。友達が持つゴムひもを跳ぶなど，少しずつ挑戦できるように支援しました。

4. 水泳運動

(1) 知識・技能　▶所見のポイント

- 運動の楽しさや喜びにふれる
- 運動の行い方を知る
- 浮いて進む運動やもぐる・浮く運動の動きを身につける

◎　浮いて進む楽しさや喜びを味わい，手や足をバランスよく動かし呼吸しながら，かえる足泳ぎができました。

○　大きく息を吸い込み，全身の力を抜いて背浮きやだるま浮きを楽しみながらできました。

△　水にもぐることが苦手ですが，友達ともぐり方のまねをしあったり，手

をつないでボビングしたりして，少しずつもぐれるように支援しました。

(2) 思考・判断・表現　▶所見のポイント

- 自分の能力に適した課題を見つける
- 水の中での動きを身につけるための活動を工夫する
- 考えたことを友達に伝える

◎　け伸びやばた足泳ぎでは，進んだ距離を確かめて自分の課題を見つけ，友達と見合ったり，考えたことを伝えたりしながら，取り組むことができました。

○　け伸びの距離やボビングの回数を友達と競うなど，楽しく運動できるように工夫して取り組むことができました。

△　水にもぐったり，浮いたりすることが苦手なようです。いろいろなもぐり方を試したり，友達のよい動きをまねたりしながら少しずつ挑戦できるように助言しました。

(3) 主体的に学習に取り組む態度　▶所見のポイント

- 運動に進んで取り組む
- きまりを守り，だれとでも仲良く運動する
- 友達の考えを認める
- 水泳運動の心得を守って安全に気をつける

◎　準備運動や整理運動を正しく行ったり，バディで確認しながら活動したりと水泳の心得をよく守り，安全に気をつけて運動することができました。また，守れていない友達には声をかけていました。

○　友達のよい動きを伝えたり，補助し合ったりしながらだれとでも仲良く運動することができました。

△　水に対する恐怖心があり，進んで運動に取り組むことが難しいようでし

た。友達と一緒にできる動きから挑戦するように支援しました。

5. ゲーム

(1) 知識・技能　▶所見のポイント

- 運動の楽しさや喜びにふれる
- 運動の行い方を知る
- やさしいゲームをする

◎　ネット型ゲームで，ボールの方向に体を向けたり，ボールを操作しやすい位置に動いたりしながら，上手に返球してラリーを続けることができました。

○　ベースボール型ゲームで，ボールをフェアグラウンド内に打ったり，ベースに向かって全力で走り，かけ抜けたりすることができました。

△　ゴール型ゲームでパスを出したり，シュートをしたりすることが苦手なようです。ボールを持ったときに周りをよく見て，落ち着いてボールを操作できるよう助言しました。

(2) 思考・判断・表現　▶所見のポイント

- 規則を工夫する
- ゲームの型に応じた簡単な作戦を選ぶ
- 考えたことを友達に伝える

◎　ゲームの作戦を立てるときには，チームの全員が活躍できる作戦を考え，動作や言葉，図を用いて，わかりやすく伝えることができました。

○　プレイヤーの人数や得点の仕方など，みんなが楽しくゲームができる規則を友達と考え，伝えることができました。

△　ゲーム中に自分がどのように動けばよいのかわからず，動きが止まって

しまうことがありました。チームで話し合ったときに役割を確認したり，友達の動きをよく見たりするよう助言しました。

(3) 主体的に学習に取り組む態度 ▶所見のポイント

- 運動に進んで取り組む
- 規則を守り，だれとでも仲良く運動する
- 勝敗を受け入れる
- 友達の考えを認める
- 場や用具の安全に気をつける

◎ ゲーム中，みんなが活躍できるように声をかけたり，友達のよい動きを伝えたりしながら，だれとでも仲良く運動することができました。

○ ゲームの前後にはあいさつや握手を交わしたり，進んで場や用具の準備をしたりすることができました。

△ ゲームに熱中するあまり審判の判定に納得しなかったり，ルールを守れないことがありました。判定に従うことやフェアプレーの大切さについて指導しました。

6. 表現運動

(1) 知識・技能 ▶所見のポイント

- 運動の楽しさや喜びにふれる
- 運動の行い方を知る
- 表したい感じを表現したり，リズムに乗ったりして踊る

◎ 表現運動で，1日の生活を題材にして，特徴をとらえて誇張や変化をつけながらメリハリのあるひと流れの動きにして，即興的に表現することができました。

○ リズムダンスでは，ロックやサンバのリズムに乗って，友達と関わり合

体育

いながら弾んで踊ることができました。

△　友達と楽しみながらリズムダンスができました。リズムの特徴をとらえて踊ることが難しいようなので，リズムに合わせて手拍子したり，リズムよく踊っている友達の動きを見るように指導しました。

(2) 思考・判断・表現　▶所見のポイント

- 自分の能力に適した課題を見つける
- 題材やリズムの特徴をとらえた踊り方や交流の仕方を工夫する
- 考えたことを友達に伝える

◎　表したい感じや様子にふさわしい動きで踊れていたかどうかを，友達と見合っていました。特徴をとらえた動きや変化のある動きなど，友達のよい動きを見つけて伝えることができました。

○　友達のよい動きを自分の動きに取り入れて，より楽しく踊れるよう工夫していました。

△　友達の動きを見ながら楽しそうに踊っていました。動きの工夫が思いつかなかったようなので，いくつか示した動きのなかから選んで踊れるように支援しました。

(3) 主体的に学習に取り組む態度　▶所見のポイント

- 運動に進んで取り組む
- だれとでも仲良く踊る
- 友達の動きや考えを認める
- 場の安全に気をつける

◎　表現の題材を決めるときには友達の考えを認め，よい動きを伝えるなど，だれとでも仲良く踊ることができました。

○　友達と準備や後片付けを協力して行ったり，踊る場の安全を確認したりして進んで動くことができました。

△　表したいことを考え，意欲的に表現運動に取り組みました。夢中になり過ぎて，友達とぶつかってしまうことがありましたので，安全を確かめながら踊るよう指導しました。

7. 保健　健康な生活（3年）

(1) 知識・技能　▶所見のポイント

- 健康の状態には，主体の要因や身の回りの環境の要因が関わっていることがわかる
- 健康に過ごすには，運動，食事，休養，睡眠の調和のとれた生活を続ける必要があることがわかる
- 体を清潔に保つ方法，換気や部屋の明るさの調節の仕方がわかる

◎　健康には1日の生活の仕方や身の回りの環境が深く関わっていることをよく理解しました。また，心や体が健康な状態であると，人と関わりながら明るく充実した毎日を送れることにつながると気づきました。

○　健康は気持ちが意欲的であること，元気なこと，具合の悪いところがないことなど，体だけでなく，心と体の調子がよい状態であることを理解しています。

△　健康であるためには，1日の生活の仕方が大切であることがわかりました。手や足，ハンカチや衣服を清潔に保つことへの理解が十分ではなかったので，より深まるよう助言しています。

(2) 思考・判断・表現　▶所見のポイント

- 健康な生活に関わる事象から課題を見つける
- 健康な生活をめざす視点から，解決の方法を考え，それを表現する

◎　学習したことをもとに，自分の生活を振り返り，より健康な生活を送る

ための課題を見つけることができました。また，そのための方法をカードにまとめ，友達にわかりやすく伝えていました。

○　1日の生活の仕方や生活環境を振り返り，健康に気をつけて生活するための課題を見つけることができました。

△　健康な生活について考えることができました。実際に自分の生活の課題を見つけ，カードに表すことが難しいようなので支援しました。

(3) 主体的に学習に取り組む態度　▶所見のポイント

- 進んで自分の毎日の生活に関心をもつ
- 健康な生活の仕方や生活環境を整えることについて，実践する意欲をもつ

◎　健康な生活のためには，運動，食事，休養や睡眠が必要であることを理解して，休み時間には必ず外で運動したり，早寝早起きを心がけたりしていました。学習したことを進んで生活に取り入れることができました。

○　健康を保つためには，生活環境を整えることが必要であることを理解しています。部屋の明るさの調整や換気などを実践しようとしていました。

△　健康に過ごすためには，生活のリズムを整える必要があることを理解しました。実際の生活のなかでは，早寝早起きを続けることが難しいようなので，継続して励ましています。

8. 保健　体の発育・発達（4年）

(1) 知識・技能　▶所見のポイント

- 体の発育・発達は年齢に伴って変化し，個人差があることがわかる
- 思春期には体つきに変化が起こり，男女の特徴が現れることがわかる
- 思春期には初経，精通，変声，発毛が起こり，異性への関心も芽生えることがわかる

・体をより発育・発達させるには，適切な運動，食事，休養および睡眠などが必要であることがわかる

◎ 自分の成長記録や教科書の資料をもとに，思春期の体や心の変化について理解しました。また，体がよりよく成長するために，バランスのとれた食事や体を丈夫にする運動が必要であることも理解しました。

○ 体をよりよく成長させるために，よい運動，バランスのとれた食事，適切な休養や睡眠が必要であることを理解しています。

△ 思春期には体つきの変化があることについて理解しました。人によってその変化に違いがあることも理解できるように指導しています。

(2) 思考・判断・表現　▶所見のポイント

・体の発育・発達に関わる事象から課題を見つける
・体のよりよい発育・発達をめざす視点から，適切な方法を考え，それを表現する

◎ 思春期の体の成長について，学習したことをもとに，自分の成長記録や生活と結びつけながら考え，課題を見つけることができました。また，その解決について考えたことを友達に伝えていました。

○ 体をよりよく成長させるための生活について，自分の生活を振り返りながら，考えることができました。

△ 身長や体重など，体の変化について考えました。自分の考えを伝えることが難しいようなので，運動や食事など，話すときの視点を助言しました。

(3) 主体的に学習に取り組む態度　▶所見のポイント

- 体の発育・発達に関心をもつ
- 体の発育・発達について進んで課題を見つけたり，考えたりする

◎　思春期の体の変化や個人差について進んで考え，伝えることができました。疑問に思ったことや自分の課題について，資料を探したり読んだりして，学習をより深めていました。

○　体をよりよく成長させるための運動や食事に興味をもち，自分の生活を振り返っていました。

△　体の成長と運動の必要性について，興味をもって学習しました。食事をバランスよくとることについては関心がうすいようなので，つながりをもって考えられるよう助言しました。

第4章

特別の教科　道徳［内容項目別］

1 道徳の所見の書き方とポイント

1 道徳教育・道徳科で育てる資質・能力と３つの柱との関係

道徳教育・道徳科で育てる資質・能力について,「道徳的諸価値についての理解を基に,自己を見つめ,物事を多面的・多角的に考え,自己の生き方についての考えを深める学習を通して,道徳的な判断力,心情,実践意欲と態度を育てる」(小学校学習指導要領「特別の教科 道徳」の目標) と書かれています。これと,すべての教科等で育成すべき資質・能力の３つの柱**「知識及び技能」「思考力,判断力,表現力等」「学びに向かう力,人間性等」**の関係はどうなっているのでしょうか。

「知識及び技能」は道徳科においては,**道徳的諸価値の意義およびその大切さなどを理解**することです。具体的には,価値理解,人間理解,他者理解が挙げられます。観点別では,**「知識・技能」**にあたります。

「思考力,判断力,表現力等」は道徳科においては,自己を見つめ,**物事を多面的・多角的に考え,自己の生き方についての考えを深める**ことです。具体的には,道徳的諸価値に関わる事象を自分自身の問題として受け止めたり,他者の多様な感じ方や考え方にふれることで,自分の特徴を知り,伸ばしたい自己を深く見つめたり,生き方の課題を考え,それを自己の生き方として実現しようとする思いや願いを深めたりすることなどです。観点別では,**「思考・判断・表現」**にあたります。

「学びに向かう力,人間性等」は道徳科においては,自己の生き方を考え,主体的な判断のもとに行動し,自立した人間として他者とともに**よりよく生きるための基盤となる道徳性**です。具体的には,全教育活動における道徳教育において,道徳的諸価値が大切なことだと理解し,さまざまな状況下において人間としてどのように対処することが望まれるのか判断する能力 (道徳的判断力),人間としてのよりよい生き方や善を志向する感情

(道徳的心情), 道徳的諸価値を実現しようとする意志の働き, 行為への身構え (道徳的実践意欲と態度) などです。観点別では, **「主体的に学習に取り組む態度」**にあたります。

なお, 道徳科の評価は, 各教科のように分析的な観点別評価や内容項目別の評価は妥当でないとされています。ただし本書では使いやすさを考慮して, 所見文は内容項目別に示しました。

2 所見を書くポイント

ポイント① 認め, 励まし, 意欲を高める内容を

所見は, ほかの子どもとの比較による評価ではなく, 子どもがいかに成長したかを積極的に受け止めて認め, 励ます個人内評価として行います。子どものよさを認め, 励まし, さらに読んだ子どもが「こういうところを伸ばしたい」「こんな心で行動したい」「こういうところを改善したい」などと意欲を高めるものが望ましいです。とくに, 教科学習が苦手な子どもや自分のよさがなかなか見つけられない子どもにとって, 道徳科はその子のよさを見つけられる時間です。ていねいに一人ひとりを見取り, 子どもたちが「僕にもこんなよさがあったんだ」「わたしっていいかも」と思えるような所見, 自分に対する自信が少しずつでももてて, 自分を好きになる子が増えるような所見が書けるとよいでしょう。

ポイント② 保護者と子どもが納得する内容を

所見は, もらった子どもたち, 読んだ保護者が納得するものでなければなりません。「子どもたちが, がんばって取り組んでいるところ」「ここを見てほしい。認めてほしい」と思っているところをしっかり押さえることが大切です。保護者に対しては, 保護者が気づいてない子どものよさを書けるとよいでしょう。そうすることで「先生はよく見てくれている」と安心感をもたれます。学校と家庭で同じ方向で子どもたちの心を育てていきたいものです。

ポイント③　授業のねらいに関わって，子どものよい点や進歩の状況を

道徳科の充実には，目標を踏まえ，指導のねらいや内容に照らして，子どものよさを伸ばし，道徳性に関わる成長を促すための評価が大切です。次の４点が子どもを見取る視点になります。

❶道徳的諸価値について理解したか

道徳性を養うには，道徳的諸価値について理解することが大切です。また，道徳的諸価値の理解と同時に人間理解や他者理解を深めていくようにします。

❷自己を見つめられたか（今までの自分との関わり）

ねらいに関わって，自分をしっかり見つめることが大切です。自分がどこまでできていて，どこがまだできていないのか，自覚させることが必要です。

❸物事を多面的・多角的に考えられたか

物事を多面的・多角的に考えるとは，道徳教育の目標「主体的な判断の下に行動」するための基本です。日常生活で起こるさまざまな場面で，どのように行動すればよいのか，どのように対応すればよいのかを考えるとともに，どうしてそのことが必要なのか，どうすればできるのかを道徳的諸価値と関わらせてとらえさせることが大切です。

❹自己の生き方についての考えを深められたか（これからの自分との関わり）

ねらいに関わって，これからどのような気持ちを大切にしていくのか，どのような言動をとるのかが，日常生活につなげるためにも大切です。

（尾高正浩）

2 道徳［3年・4年］

A 主として自分自身に関すること

［善悪の判断，自律，自由と責任］

◇ 「○○」の学習で，相手の状況や気持ちを考えて行動することの大切さに気づきました。これからは正しいと判断したことを行おうという思いを強めていました。

◇ 「○○」の学習で，友達との話し合いを通して，主人公の行動が正しいかどうかさまざまな角度から考えることができました。正しいと判断したことは自信をもって行う大切さに気づきました。

◇ 友達にはっきりと意見を言う主人公の姿から，自分の行動によって周囲の人の気持ちが変わることに気づき，よく考えて正しいと判断したことは自信をもって伝えていこうとする思いを新たにしていました。

［正直，誠実］

◇ いじめの被害者の手記を通して，相手を思いやり，みんなが明るい心で生活できるようにすることの大切さに気づきました。いじめを自分のこととしてとらえ，自分も友達も大切にする気持ちが高まりました。

◇ 友達との話し合いを通して，元気に生活するために大切なことについて，さまざまな視点から考えることができました。正直でいることが元気よく生活することにつながると考えを深めていました。

◇ 「○○」の学習で，主人公の気持ちの変化を考えるなかで，過ちを素直に認めて謝ることの大切さに気づきました。日常の生活のなかで，過ちを犯したときは素直に認めて謝ろうという思いが伝わってきました。

[節度，節制]

◇　「○○」の学習で，主人公の気持ちについて話し合うなかで，自分で考えて節度ある生活を送ることの大切さに気づきました。自分の生活を見直し，今後気をつけたいことを理解しています。

◇　基本的な生活習慣を身につけるよさを，さまざまな視点から考えることができました。健康や安全に気をつけ，自分でできることは自分で行おうという意欲が高まりました。

◇　自分で考えて行動するようになった主人公の気持ちの変化について理解し，自立することの大切さに気づきました。学校生活のなかで，自分でできることは自分で行おうという気持ちが高まりました。

[個性の伸長]

◇　教材の主人公の個性を伸ばす生き方に憧れをもち，自分の長所を伸ばすことの大切さに気づきました。よさを伸ばして，よりよい自分になりたいという思いが強まりました。

◇　さまざまな視点から自分を見つめ直し，長所と短所をとらえ直すことが大切だと気づきました。自分の長所を伸ばし，将来の仕事につなげたいと考えを深めています。

◇　それぞれの人の特徴について考える学習で，友達とお互いの長所を伝え合いました。そのなかで，自分の特徴に気づき，長所をさらに伸ばそうとしています。

[希望と勇気，努力と強い意志]

◇　教材の主人公の役になることを通して，主人公が努力によって得た充実感や達成感などの気持ちを感じ取り，目標を立てて努力することの大切さに気づきました。

◇　目標を立てて取り組むよさについて，グループでさまざまな点から話し合うなかで，目標に向かって粘り強く取り組んでいくことの大切さに気づき，考えを深めました。

◇　目標に向かって計画的に取り組むことができているかどうか，自分を振り返ることができました。今後，目標に向かって努力しようとする気持ちをもてました。

B 主としての人との関わりに関すること

［親切，思いやり］

◇　思いやりについて考える学習で，友達との話し合いを通して，登場人物の心情についての理解を深め，相手の気持ちを考えて親切にすることの大切さに気づきました。

◇　いじめをなくすための手立てを，いじめる側といじめられる側，見ている側など，さまざまな点から話し合いました。友達の意見を取り入れ，自分のできることについて考えることができました。

◇　教材の困っている友達と関わる役割演技を通して，どのような行為が本当の親切なのかに気づきました。今後，相手に合わせた親切を大切にしようという気持ちがもてました。

［感謝］

◇　「○○」の学習で，震災時に多くの人々が支え合って生きていたことに気づき，自分の周囲の人々に感謝しながら支え合って生活したいという思いを強くもちました。

◇　地域の高齢者の話を聞き，改めて自分たちの生活がさまざまな人に支えられていることに気づきました。周囲の人々と支え合って生活していく大切さについて，考えを深めています。

◇　「○○」の学習で，現在の自分たちの生活を築いてくれた高齢者へ感謝

道徳

の気持ちを伝える大切さに気づきました。これからは，自分が周囲の人たちを支えたいという思いを新たにしました。

[礼儀]

◇　礼儀をテーマにした学習で，登場人物のやりとりから，「親しき仲にも礼儀あり」ということを学び，相手の気持ちを考え，礼儀を大切にして人と関わることについて理解を深めました。

◇　自分と意見が異なる相手に対して，どのような接し方があるのか話し合いました。相手の立場や気持ちに応じたさまざまな対応があることを友達から学び，今後の生活に生かそうと考えを深めました。

◇　あいさつや言葉遣いで，自分や相手の気持ちが変わることを理解しました。これからの生活のなかで，あいさつや言葉遣いなどの礼儀を大切にしていこうとしています。

[友情，信頼]

◇　友達との関わりについての学習で，登場人物たちの関係や気持ちについて考えることを通して，友達と信頼し合い，助け合うことの大切さを理解しました。

◇　グループでの話し合いで，友達のよさを知り，よりよい関係を築くことの大切さに気づきました。友達を理解し，信頼していくことの大切さについて考えを深めています。

◇　いじめの被害者の気持ちについて考えることを通して，友達に寄り添うことの大切さに気づきました。友達と助け合って生活していこうという思いを強めています。

[相互理解，寛容]

◇　「○○」の学習で，主人公と友達の関係からお互いをわかり合う大切さに気づきました。友達の話をよく聞いたり，自分の思いをはっきり伝えたりしていくことのよさを理解しています。

◇　友達との話し合いを通して，お互いを理解しあうためには，人を受け入れようとする気持ちや，思いを伝えるやりとりなど，どのようなことが必要かと考えを深めています。

◇　異なる考え方や意見を大切にすることで，友達とよい関係が築けることを理解し，友達との関わり方を見つめ直そうとしています。

C 主として集団や社会との関わりに関すること

[規則の尊重]

◇　約束や社会のきまりについての学習で，集団生活をするうえで，相手や周りの人の立場に立ち，よりよい人間関係を築こうとする気持ちの大切さを理解しました。

◇　主人公の言動を通して，公徳心をもつことの大切さに気づくことができました。公共の場所でのよりよい言動について，さまざまな人の立場から考えることができました。

◇　社会のきまりが何のためにあるのか，さまざまな立場から考えることができました。これからの生活で，きまりを進んで守っていこうとしています。

[公正，公平，社会正義]

◇　「○○」の学習で，公正，公平な態度が友達に与える影響に気づくことができました。いじめなどにつながる態度はとらないという思いを強くもちました。

◇　不公平な態度で接することが周囲に与える影響について，友達の意見も取り入れて考えることができました。だれに対しても分け隔てをしないで接するためにはどうすればよいかと考えを深めています。

◇　「○○」の学習で，よりよい人間関係や集団生活を築くために大切なことをさまざまな立場から考えました。今後は，だれに対しても公平に接していこうとしています。

[勤労，公共の精神]

◇　「○○」の学習で，自分の役割を果たし，力を合わせて仕事をすることの大切さを理解しました。これからは，学級のために進んで働こうとする気持ちが高まりました。

◇　集団の一員として，みんなのために自分ができることを見つけ，進んで働こうとする気持ちをもつことができました。友達との話し合いのなかから，自分にできることは何かと考えを深めています。

◇　自分にできることを考え，みんなと力を合わせて仕事をしたり自分の役割を果たそうとしたりする意欲をもつことができました。今までの自分を振り返り，できることを見つけようとしています。

[家族愛，家庭生活の充実]

◇　「○○」の学習で，家族が自分に対して愛情をもって育ててくれていることに気づき，敬愛の念を深めました。家族のために，自分ができることを自覚できました。

◇　「○○」の学習で，主人公に共感して，家族に喜ばれ，感謝されるような自分になろうとする気持ちが高まりました。家族のよさについてさまざまな視点から考えることができました。

◇　「○○」の学習で，家族で協力することの大切さに気づきました。今後の生活のなかで，家族の一員として，自分のできることにより積極的に取り組もうとしています。

[よりよい学校生活，集団生活の充実]

◇　「○○」の学習で，楽しい学級や学校にするためには一人一人の気持ちが大切であることに気づきました。友達と協力しあっていこうとする気持ちをもつことができました。

◇　よりよい学級にするために，できることを，さまざまな視点から考えることができました。みんなで協力することの大切さに気づき，どうすれば実践できるのかと考えを深めていました。

◇　「○○」の学習で，日々世話になっている教師や学校の人々の存在に気づき，改めて関わりの大切さを実感しました。これからも周りの人たちとの関わりを大切にしていこうとする思いを新たにしています。

[伝統と文化の尊重，国や郷土を愛する態度]

◇　「○○」の学習で，主人公の伝統に対する思いを通して，地域の伝統と文化により親しむことのよさを理解できました。地域を愛する心をしっかりもっています。

◇　日本と外国を比べながら，さまざまな視点から日本のよさに気づくことができました。さらに日本のよさを見つけようと友達と話し合い，考えを深めました。

◇　「○○」の学習で，主人公の言葉から改めて日本のよさに気づくことができました。今までの自分を振り返って，これからは日本のよさを守っていこうとする意欲が感じられます。

[国際理解，国際親善]

◇　「○○」の学習で，他国の人々や文化に関心をもち，それらのよさに気づくことができました。日本の文化と他国の文化との共通点や相違点などを調べようとする意欲を高めました。

◇　他国の文化について，グループ学習で出された友達の意見を取り入れて，自分の考えをまとめることができました。他国の文化のよさについて，さまざまな視点から考えを発展させています。

◇　多様な文化を理解し，よいところは自分たちの生活にも取り入れようとする態度が見られます。これからの生活のなかで，多様な他国の文化を理解しようとしています。

D 主として生命や自然，崇高なものとの関わりに関すること

[生命の尊さ]

◇　自分と同じように友達の生命も，多くの人に支えられ，守られていることに気づきました。受け継がれるすべての生命を大切にしようとする思いが深まりました。

◇　「○○」の学習で，生命は祖先から受け継がれてきた雄大なものであることを理解しました。グループのなかで出された意見も踏まえて，生きることのすばらしさについて考えを深めていました。

◇　「○○」の学習で，自分と同じように友達の生命も，かけがえのないものであることを実感していました。命を大切にし，一生懸命に生きようとする気持ちを高めました。

[自然愛護]

◇　「○○」の授業を通して，自然や動植物を大切にすることで自分たちの命も守られることに気づくことができました。自然環境に対する理解を深めました。

◇　自然愛護について，さまざまな立場，視点から考えを深めることができました。今までの自分の生活を振り返り，どうすれば自然を守れるのか，自然愛護のための行動を考えようとしています。

◇　「○○」の学習で，自然環境を守るためには，自分ができることについて考えることが大切だと気づきました。自分ができることから積極的に取り組もうとしています。

[感動，畏敬の念]

◇　「○○」の学習を通して，自分の感じた美しいものや，感動したことをわかりやすく友達に伝えることができました。美しいものを受け入れようとする思いを豊かにしています。

◇　教材の主人公と自分の共通点を見つけて，清らかな考え方・感じ方を想像することができました。友達の考えをよく聞き，いろいろな視点から考えを深めることができました。

◇　「○○」の学習で，人間の力を超えたものがあることに気づきました。それらを想像する力や感じる力を養い，これからの生活に生かそうとしています。

道徳

第5章

外国語活動 [領域・観点別] 新領域

1 外国語活動の所見の書き方とポイント

2 外国語活動　3年

外国語活動　4年

＊「総合所見」――学期の総合的な所見

1 外国語活動の所見の書き方とポイント

1 所見でコミュニケーション場面での具体的な姿を伝える

外国語活動や外国語科では，コミュニケーションを行う目的や場面，状況に応じて，英語で自分のことや身の回りのことについて伝え合う言語活動が大切にされています。高学年の教科としての外国語科では，そのような活動の場面で必要となる知識や技能の一定の定着が求められますが，中学年の外国語活動では，聞くことや話すことを中心として，「言語や文化について体験的に理解を深めること」，そして「日本語と外国語との違い等への気づき」を得ることをめざしています。つまり外国語活動では，あくまでも友達同士でやりとりをしたり，自分のことを友達などに発表するコミュニケーション場面が各単元において多く設定されています。そうした言語活動を通じて，語彙や表現に慣れ親しみ，コミュニケーションの素地として楽しさを味わい，意欲を高めていくことが目標となります。

もちろん，子どもたちが自信をもって活動を行えるように，必要となる語彙や表現を授業において十分に繰り返してふれさせていくことが不可欠ですが，評価においては，子どもの発話する英語の正確性や適切さを評価するのではなく，たとえば日本語と英語の音声や仕組みの違いに気づいたり，積極的に相手によりよく伝わる工夫をしようとしたりする，そうした姿勢や態度を具体的に見取り，励まし，評価することが大切になります。

2 新３観点の評価のポイント

「知識・技能」では，コミュニケーションに必要な英語の語彙や表現に慣れ親しむなかで，日本語と英語の発音やリズム，あるいは文字の違いについての気づきや，日本と外国との文化や生活習慣などの違いについて知ること，そして活動に必要な語彙や表現に慣れ親しんでいるかを評価します。おもに行動観察や教科書・ワークシートの書き込み等から見取ります。各単元の最終の課題で自信をもって語彙や表現を用いられるように，「知識・技能」を見取る機会は単元の中盤に位置づくでしょう。ここで到達できていない子どもには，繰り返しの活動のなかで積極的に支援を行い，最終の評価で修正することもあります。

そのうえで，「思考・判断・表現」では，相手によりよく伝えるために，あるいは相手をよりよく理解するために，目的や場面，状況に応じて，相手意識をもって工夫してコミュニケーションしている姿を評価します。高学年の外国語科においても一貫して育てていきたい姿として，たとえば，相手に話すときにはゆっくり話したり，繰り返したり，動作（ジェスチャー）を交えたりする姿や，示したいものを指さししながら提示するなどの工夫が見られたら，聞き手を意識している姿として記録しておきます。この「思考・判断・表現」の観点は，実際にコミュニケーション活動ができているかを見る観点です。そのため，単元の最終の活動で評価していくことが多いでしょう。そして指導においては，単元の最終に設定された活動が，本当に具体的な「聞き手」（誰に伝えるのか）や「目的」（何のために伝える必要があるのか）をもった活動になっているのかが重要です。そのような場面で，子どもの姿を具体的に見取り，評価します。

「主体的に学習に取り組む態度」については，各単元や各領域で細かく見取ることは難しく，複数の単元や学期，年間で見ていくことが重要です。文化や習慣の違いに関心をもった姿や友達の発表や友達とのやりとりを通して，「思考・判断・表現」の観点で述べた，よりよいコミュニケーションのために工夫しようとしている姿，また，これから頑張りたいこととして自分の課題（めあて）を意識し，意欲的に活動に取り組んでいる姿が見られた場合，高く評価します。子どもが自分の課題（めあて）を意識できるようにするには，振り返りシートの実施や活動のフィードバックにおいても，よい姿をほめて共有したり，次に頑張りたいことを意識できるような声かけをしたりすることが必要です。また，具体的な評価基準表（ルーブリック）を子どもたちと共有しながら活動を進めることもよいでしょう。

3 所見記入の際のポイント

所見を記入する際には，子どもにも保護者にも，具体的にどんな活動のなかで何ができるようになったのかを伝えられるとよいでしょう。「〇〇の学習で」や「△△に〇〇する活動で」といった，場面や相手を具体的に挙げることができると，どんな活動であったかが明確になります。

「知識・技能」の観点では，どんな場面設定でどのような表現に慣れ親しむことができたのかを具体的に書いたり，日本語と英語の音声の特徴や違い，文化や価値観の違いなど言語や文化についての顕著な気づきが見られた姿などを書いたりするとよいでしょう。「思考・判断・表現」の観点では，たとえば，当該の学習内容をふまえて聞き手に配慮して，よりよく伝えるためにどのような工夫をしたのか（効果的なジェスチャーを入れたり，相手により伝わるように繰り返して伝えたり，発表する内容に関連した絵を工夫したりなど）を見取り，その具体的な姿を書きます。「主体的に学習に取り組む態度」の観点では，世界の文化や習慣との違いに気づく発言があったり，友達の発表に意欲的に質問をする姿や，友達の発表を見て自分の改善点を見つけ，工夫を重ねていた姿などを具体的に書きます。

このように，外国語活動では，英語やその背景にある文化への違いに関心をもち，相手を意識して英語でのコミュニケーションに積極的に関わる活動を通して，英語でのコミュニケーションの楽しさや意欲を高められるような指導を行い，そのような面を評価していくことが中心となります。

（赤沢真世）

2 外国語活動［３年・４年］

総合所見

主な学習項目／言語活動例		
知識及び技能	英語の特徴	●コミュニケーションを図ることの楽しさや大切さ ●日本と外国の言語や文化の理解（英語の音声やリズム，生活や習慣などの違い，異なる文化の理解）
思考力、判断力、表現力等	聞くこと	●自分のことや身の回りの物を表す簡単な語句を聞き取る ●身近で簡単な事柄に関する基本的な表現の意味がわかる ●文字の読み方が発音されるのを聞いて，活字体の文字を結びつける
	話すこと［やり取り］	●基本的な表現を用いてあいさつ，感謝，簡単な指示をしたり，応じたりする ●自分のことや身の回りのものについて，動作を交えながら自分の考えや気持ちなどを伝え合う ●簡単な語句や基本的な表現を用いて質問したり，質問に答えたりする
	話すこと［発表］	●身の回りのものについて，簡単な語句や基本的な表現を用いて話す ●自分のことについて，簡単な語句や基本的な表現を用いて話す ●日常生活に関する身近で簡単な事柄について，自分の考えや気持ちなどを話す

評価の言葉（例）	
知識・技能	●学んだ言葉を使ってコミュニケーションを図ることの楽しさや大切さを知る ●日本語とは違う英語のリズムや発音などを楽しみながら活動する ●英語の音声や基本的な表現に慣れ親しんでいる ●日本と外国との生活や習慣，行事などの違いを知り，多様な考えがあることに気づく
思考・判断・表現	●相手の反応を確かめたり，反応を感じたりしながら言葉による伝え合いを行う ●ゆっくり話したり，繰り返したり，また動作を交えたりするなどの工夫を行う ●簡単な語句や基本的な表現を聞いて，イラストや写真，実物などを結びつける ●歌やチャンツの中で文字の読み方に親しむ
主体的に学習に取り組む態度	●進んで○○する ●より多くの外国の文化等に対する知識を深めようとする ●国語や日本の文化に理解を深め，その特徴やよさについて発信しようとする ●新しいものへ挑戦する気持ちや失敗を恐れない態度が育つ ●相手に配慮したコミュニケーションを図ろうとする ●学校行事や他教科等の活動で生かそうとする

◇　英語を用いて，伝えたい相手に，積極的に話したり，相手の内容を受け止めようと聞いたりすることができました。

◇　英語で歌ったりチャンツをしたりすることを通して，英語の音声やリズムに慣れ親しむことができました。

◇　映像資料などから，食生活や遊び，地域の行事など外国の文化を学び，世界には多様な文化があることに気づきました。

◇　ALT や留学生など，異なる文化をもつ人々と交流し，理解を深めながら世界への関心を広げることができました。

◇　さまざまな場面設定のなかで，これまでに慣れ親しんだ簡単な語句や基本的な表現を使って，友達や ALT とコミュニケーションをとることができました。

◇　友達や ALT の反応を確かめたり，反応を感じたりしながらコミュニケーションをとることができました。

◇　相手とやり取りする活動では，自分の考えや気持ちをより相手に理解してもらうために，ゆっくり話したり，繰り返したり，また動作を交えたりしながら，工夫することができました。

◇　担任と ALT のやり取りを聞き，簡単な語句や基本的な表現を手がかりとして，おおよその内容を理解することができました。

◇　身近な人や身の回りのものに関する簡単な語句や基本的な表現を聞いて，それを表すイラストや写真，人物を結びつけることができました。

◇　文字の名称の読み方を聞いて，活字体で書かれた文字を指したり，発音された順に文字カードを並べたり線でつないだりして，「読み方」と「文字」を合わせることができました。

［3年］

1. 聞くこと

(1) 知識・技能　▶所見のポイント

- ゆっくりはっきりと話された際に，自分のことや身の回りのものを表す簡単な語句を聞き取れる
- ゆっくりはっきりと話された際に，身近で簡単な事柄に関するおおよその意味がわかる
- 文字の読み方が発音されるのを聞いた際に，どの文字であるかがわかる

◇　「What do you like？」の学習で，だれが何を好きなのかを聞き取り，それらを表すイラストや写真を結びつけることができました。

◇　「Who are you？」の学習で，絵本の読み聞かせから，おおよその内容を理解し，どのページのことを言っているのかを指し示すことができました。

◇　「ALPHABET」の学習で，ポインティング・ゲームを行いながら文字の名称の読み方を聞いて，文字を特定することができました。

(2) 思考・判断・表現　▶所見のポイント

- 英語特有のリズムやイントネーションに慣れ，日本語のようなリズムで発音すると英語には聞こえず，伝わらないことに気づく
- 日本語との違いを知ることで，言葉のおもしろさや豊かさに気づく
- 音声と視覚情報を結びつけ，その意味を理解し，語句や表現に慣れ親しむ

◇　「What do you like？」の学習で，担任やALTなどが話すのを聞き，イラストや写真を手がかりに，だれが何を好きなのかを理解しようとしていました。

◇ 「What's this？」の学習で，果物や動物などの外来語とそれに由来する英語の違いに気づき，英語の音声やリズムなどに慣れ親しむことができました。

◇ 「ALPHABET」の学習で，身の回りには活字体の文字で表されているものがたくさんあることに気づくとともに，活字体の大文字を識別し，自分や友達の名前の頭文字を考えることができました。

(3) 主体的に学習に取り組む態度 ▶所見のポイント

- 聞き取った語句や表現を，身の回りから探し出したり，探し出したものを意欲的に書いたりする
- ゆっくりはっきりと話されれば，聞き取れることが多いことがわかり，聞くことに自信がついていく
- 基本的な表現を聞き，イラストや写真などの手がかりがなくても意味がわかるように努力する

◇ 「I like blue.」の学習で，世界の子どもたちの描く虹を映像資料で視聴し，自分の描く虹との違いに気づくことができました。また，ほかの国や地域の虹はどう描くのだろうかと関心をもちながら学習しました。

◇ 「How are you？」の学習で，友達が自分の名前や今の感情について話すのを，熱心に聞き取りました。初めて同じクラスになった友達や初めて学習する英語について親しみました。

◇ 「What's this？」の学習で，身の回りにあるものに関するクイズから，キーワードとなる色や場所の単語を聞き取りながら，答えを探しました。

2. 話すこと【やり取り】

(1) 知識・技能 ▶所見のポイント

- 基本的な表現を用いてあいさつ，感謝，簡単な指示をしたり，それらに応じたりする

- 自分のことや身の回りのものについて，動作を交えながら，自分の考えや気持ちなどを簡単な語句や基本的な表現を用いて伝え合う
- サポートを受けて，自分や相手のことや身の回りのものに関する事柄について，簡単な語句や基本的な表現を用いて質問したり答えたりする

◇ 「Hello！」の学習で，世界の国々にはさまざまな言語があることを知りました。英語の言い方で友達や ALT に自分の名前を言って，あいさつを交わすことができました。

◇ 「How many？」の学習で，1から20までの数の言い方や数の尋ね方を，身の回りのものの数や好きな漢字の画数を尋ねたり答えたりする活動を通して，学ぶことができました。

◇ 「This is for you.」の学習で，友達にプレゼントするカードを作るために，欲しい色や形を尋ねたり答えたりすることができました。

(2) 思考・判断・表現　▶所見のポイント

- 安心してコミュニケーションを行う
- 「やり取り」することの大切さや楽しさを，実際に簡単なあいさつや感謝をするなどの活動を通して実感できる
- 言葉だけでなく，動作や表情を手がかりに相手の意図をよりよく理解したり，自分の気持ちをよりわかりやすく伝えたりする
- サポートを受けながら，質問できた，質問に答えられたという達成感をもつ

◇ 「How are you？」の学習で，自分の感情や状態を友達が聞き取りやすい声で言ったり動作を交えたりしながら，わかりやすく伝えることができました。

◇ 「Who are you？」の学習で，ALT が読み聞かせる絵本の内容に一喜一憂するとともに，気に入った表現やせりふを ALT をまねて表現しました。

◇　「I like blue.」の学習で，自己紹介カードを作成し，校内の教師や初めて出会うALTに英語でやり取りしながら自分のことを伝えることができました。

(3) 主体的に学習に取り組む態度　▶所見のポイント

- 設定された場の「やり取り」で学んだことを，日常生活でも使おうとする
- サポートなしで，質問したり質問に答えたりする
- 聞き手として，うなずくなどの反応を返して相手の考えや気持ちを受容しようとする

◇　「This is for you.」の学習で，友達にプレゼントするカード作りに興味・関心をもちました。欲しい色や形を尋ねたり答えたりする活動を通して互いの理解を深め，コミュニケーションの楽しさを実感しました。

◇　「What do you like ?」の学習で，友達と何が好きか尋ねたり答えたりして伝え合う活動のなかで，「相手意識」や「目的意識」をもって進んでコミュニケーションを図ろうとしていました。

◇　「I like blue.」の学習で，3ヒントクイズ「Who am I ?」を校内の教師に関するものとした際に，意欲的に教師に質問してクイズを作ったり，回答者のことを考えながら出題の順番やイラストを工夫するなど，楽しみながら活動しました。

3. 話すこと【発表】

(1) 知識・技能　▶所見のポイント

- 身の回りのものについて，人前で実物などを見せながら，簡単な語句や基本的な表現を用いて話す
- 自分のことについて，人前で実物などを見せながら，簡単な語句や基本的な表現を用いて話す
- 日常生活に関する身近で簡単な事柄について，人前で実物などを見せ

ながら，自分の考えや気持ちなどを，簡単な語句や基本的な表現を用いて話す

◇「How are you？」の学習で，自分の様子や状態を表情や動作を交えながら，友達の前で話すことができました。

◇「I like blue.」の学習で，自分の好きなものや苦手なものについて実物やイラスト，写真などを見せながら，発表したり質問に答えたりすることができました。

◇「What's this？」の学習で，身の回りのものに関するクイズを作り，友達とクイズを出したり答えたりすることができました。

(2) 思考・判断・表現 ▶所見のポイント

- 話す内容を想起させ，発表内容を明らかにさせるもの，聞き手にとってわかりやすく情報を提供するものは，どのような語句を用いてどのような表現がよいかを考える
- ある程度話す内容を準備したうえで，徐々に簡単なまとまりのある話にしていく
- 自己理解・他者理解することで，コミュニケーションの楽しさを実感する

◇「Hello！」の学習で，握手したり手作り名刺を渡したりするなど，相手に自分の名前が伝わるような工夫をしながらあいさつを交わすことができました。

◇「What do you like？」の学習で，自分の好き嫌いや欲しいものなどを話す際，聞き手に配慮して明瞭な声で話したり動作を交えたりしながら伝えることができました。

◇「Who are you？」の学習で，ALT や担任のサポートを受けながら，自分がクイズとして出題するものの英語での名前や特徴を考えることができ

ました。

(3) 主体的に学習に取り組む態度 ▶所見のポイント

- 単元の早い段階から，最終活動のイメージをもちながら取り組み，自信をもって発表する
- 聞き手として，うなずくなどの反応を返すことの大切さを認識している
- 学んだことを，他教科や学校行事等で生かそうとする

◇ 「Hello！」の学習で，担任とALTのあいさつのやり取りを見て，初めて学習する英語へのイメージをもつとともに，自信をもって自分もあいさつしようとする意欲をもちました。

◇ 「What do you like？」の学習で，話し手のときは聞き手に配慮してわかりやすく話す工夫をし，聞き手のときはうなずくなどの反応を返して相手の話を受け止めようとする気持ちが育ちました。

◇ 「I like blue.」の学習で，自分が虹を描いた経験を図工科の学習でも生かし，初めて使う絵の具の混色による色の変化を楽しんだり，英語での表現を考えたりして意欲的に活動しました。

[4年]

1. 聞くこと

(1) 知識・技能 ▶所見のポイント

- ゆっくりはっきりと話された際に，自分のことや身の回りのものを表す簡単な語句を聞き取れる
- ゆっくりはっきりと話された際に，身近で簡単な事柄に関する基本の意味がわかる
- 文字の読み方が発音されるのを聞いた際に，どの文字であるかがわかる

◇ 「Hello, world！」の学習で，映像資料を視聴し，世界にはさまざまな文字やあいさつの仕方があることに気づくとともに，さまざまなあいさつの言い方に慣れ親しむことができました。

◇ 「I like Mondays.」の学習で，映像資料を視聴し，世界の同年代の子どもたちの生活を知るとともに，曜日の言い方や曜日を尋ねたり答えたりする表現に慣れ親しむことができました。

◇ 「Alphabet」の学習で，身の回りには活字体の文字で表されているものがたくさんあることに気づくとともに，発音された文字を聞いて，ｂやｄ，ｐやｑなど間違えやすい文字も区別することができました。

(2) 思考・判断・表現 ▶所見のポイント

- 英語特有のリズムやイントネーションを体得し，日本語のようなリズムで発音すると英語には聞こえず，伝わらないことに気づく
- 日本語との違いを知ることで，言葉のおもしろさや豊かさに気づく
- 音声と視覚情報を結びつけ，その意味を理解し，語句や表現に十分慣れ親しむ

◇ 「Let's play cards.」の学習で，映像資料を視聴し，日本の遊びと世界の遊びには共通点や相違点があることに気づくとともに，遊びに誘う際には，言葉だけでなく相手を促す表情や動作を加えることの大切さを学びました。

◇ 「Do you have a pen？」の学習で，文房具を相手にプレゼントするという状況をよく理解し，予想した相手の好む文房具の数や色などと合わせながら，話を聞くことができました。

◇ 「This is my day.」の学習で行った，ALTによる絵本の読み聞かせでは，簡単な語句や基本的な表現を聞き取り，おおよその内容を理解することができました。

(3) 主体的に学習に取り組む態度　▶所見のポイント

- 聞き取った語句や表現を，身の回りから探し出したり，探し出したものを書いてみたりする
- ゆっくりはっきりと話されれば，聞き取れることが多いことがわかり，自信が深まっていく
- 基本的な表現を聞き，イラストや写真などの手がかりがなくても意味がわかるように努力する

◇　「What time is it？」の学習で，映像資料を視聴したりALTの話を聞いたりして英語の時刻の言い方を学びました。さまざまな国の現在時刻とともに時差について知り，世界の国々の様子に興味をもって活動に取り組みました。

◇　「Alphabet」の学習で，アルファベットの音を聞いたり読んだりする活動を通してアルファベットを身近に感じられるようになり，外国語の文字への興味や外国の様子への関心を広げました。

◇　「What do you want？」の学習で，友達の作ったオリジナルメニューを聞きながら，自分のメニューとの共通点や相違点，発表の仕方の工夫点なども見つけ出そうとしていました。

2. 話すこと【やり取り】

(1) 知識・技能　▶所見のポイント

- 基本的な表現を用いてあいさつ，感謝，簡単な指示をしたり，それらに応じたりする
- 自分のことや身の回りのものについて，動作を交えながら，自分の考えや気持ちなどを簡単な語句や基本的な表現を用いて伝え合う
- サポートを受けて，自分や相手のことや身の回りのものに関する事柄について，簡単な語句や基本的な表現を用いて質問したり答えたりする

◇　「Hello, world！」の学習で，世界のさまざまなあいさつの仕方を知るとともに，友達とあいさつを交わして自分の好みなどを伝え合うことができました。

◇　「Do you have a pen？」の学習で，文房具などの持ち物について持っているかどうか尋ねたり答えたりする表現を学び，友達やALTとやり取りすることができました。

◇　「What time is it？」の学習で，時刻や生活時間の言い方や尋ね方を学び，好きな時間について，友達やALTのサポートを受けながら伝え合うことができました。

(2) 思考・判断・表現　▶所見のポイント

- 安心してコミュニケーションを行う
- 「やり取り」することの大切さや楽しさを，実際に簡単なあいさつや感謝をするなどの活動を通して実感できる
- 言葉だけでなく，動作や表情を手がかりに相手の意図をよりよく理解したり，自分の気持ちをよりわかりやすく伝えたりする
- 実際の生活場面を想定し，困ったときやよりうまくいったときのやり取りを考えようとする

◇　「Let's play cards.」の学習で，遊びに誘う際，天気に合わせたり，相手の状態や好きなものを考えたりして，遊びの内容を考えることができました。

◇　「I like Mondays.」の学習で，曜日の言い方や曜日を尋ねたり答えたりする表現を学び，likeのあとに自分の好きな曜日を入れればよいことに気づきました。

◇　「What do you want？」の学習で，自分のメニューに必要な食材を尋ねたとき，その食材がない場合や数が不足する場合の表現の仕方を考え，買い物をすることができました。

(3) 主体的に学習に取り組む態度 ▶所見のポイント

- 設定された場の「やり取り」で学んだことを，他教科や日常生活でも使おうとする
- サポートなしで，質問したり質問に答えたりする
- 聞き手として，うなずくなどの反応を返して相手の考えや気持ちを受容しようとする

◇ 「Do you have a pen？」の学習で，インタビューした相手の好みや要望したことを実現するとともに，イラストやメッセージを入れたすてきな文房具セットをプレゼントしました。

◇ 「This is my favorite place.」の学習で，好きな教室へ案内する際，プログラミングの手法で目的の教室までの最短距離や少ない指示回数など，相手のことを考えながら案内しました。

◇ 「This is my day.」の学習で，一日の過ごし方を紹介し合いながら，自分と友達の違いや同じところに驚いたり，相づちを入れたりしてコミュニケーションの楽しさを実感していました。

3. 話すこと【発表】

(1) 知識・技能 ▶所見のポイント

- 身の回りのものについて，人前で実物などを見せながら，簡単な語句や基本的な表現を用いて話す
- 自分のことについて，人前で実物などを見せながら，簡単な語句や基本的な表現を用いて話す
- 日常生活に関する身近で簡単な事柄について，人前で実物などを見せながら，自分の考えや気持ちなどを，簡単な語句や基本的な表現を用いて話す

◇　「What do you want？」の学習で，お気に入りのメニューを紹介する際，イラストや写真などを見せながら野菜や果物の名前を言うことができました。

◇　「I like Mondays.」の学習で，曜日の言い方や曜日を尋ねたり答えたりする表現を学び，カレンダーで指さしながら自分の好きな曜日を人前で発表することができました。

◇　「This is my favorite place.」の学習で，自分が気に入っている校内の場所をイラストや写真などを見せながら発表することができました。

(2) 思考・判断・表現　▶所見のポイント

- 話す内容を想起させ，発表内容を明らかにさせるもの，聞き手にとってわかりやすく情報を提供するものは，どのような語句を用いてどのような表現がよいかを考える
- 話す内容を準備したうえで，徐々に簡単なまとまりのある話にしていく
- 自己理解・他者理解を深め，コミュニケーションの楽しさを実感する

◇　「Hello, world！」の学習で，人前でALTとあいさつを行うモデルを務めました。相手の目を見ながら自己紹介したり，動作を取り入れたりして工夫していました。

◇　「This is my favorite place.」の学習で発表する際，「Go straight.」「Turn right.」などの道案内をする表現とともに，身振りや表情，動作などの活用も大切であると気づくことができました。

◇　「Do you have a pen？」の学習で，相手にプレゼントしたい文房具セットを人前で発表する際，聞き手の反応を確かめながら，繰り返したり話す速さを調節したりするようにしていました。

(3) 主体的に学習に取り組む態度

▶所見のポイント

- 単元の早い段階から最終活動のイメージをもちながら取り組み，自信をもって発表する
- 自分の発表を振り返り，改善したり友達のよさを取り入れたりしようとする
- 英語学習で学んだことと他教科や普段の生活から学んだことを，横断的にとらえようとしている

◇ 「What time is it？」の学習で，ALT と教員が示す，現在の時刻を尋ねたり答えたりするやり取りを見て，活動のイメージをもつことができ自信をもって発表しようとしていました。

◇ 「This is my favorite place.」の学習で，校内の自分の好きな場所を発表する際，友達の発表を，よりわかりやすく発表するための話し方や動作に注目して聞こうとしていました。

◇ 「What do you want？」の学習で，オリジナルメニューを紹介する活動で，社会科で学んだ地域の郷土料理の学習と関連させながら，その具材の言い方や料理の名前を調べました。

第6章

総合的な学習の時間［領域・観点別］

1 現代的な諸課題に対応する横断的・総合的な課題

2 地域や学校の特色に応じた課題

3 児童の興味・関心に基づく課題

＊「総合所見」――学期の総合的な所見

総合所見

探究課題（例）		
現代的な諸課題に対応する横断的・総合的な課題	国際理解	●地域に暮らす外国人とその国の文化や価値観 ●外国人と交流を促進する活動や人々の思いや願い ●日本と関わりの深い国とその国で活躍する人々やその活動
	情報	●情報化の進展と日常生活や社会の変化 ●確かな情報の集め方と発信 ●インターネットの活用と諸問題
	環境	●身近な自然環境と環境問題 ●地域の生き物とその環境を守る取り組み ●学校から出るごみとその行方
	福祉・健康	●地域の高齢者と暮らしを支援する仕組みや人々 ●健康な生活とストレス社会 ●健康によい食品と開発の取り組み
地域や学校の特色に応じた課題		●町づくりや地域活性化に取り組む人々や組織 ●地域の伝統や文化と継承に力を注ぐ人々 ●特産品を生かした町おこしとそれを支える人々 ●自然災害と私たちにできること
児童の興味・関心に基づく課題		●実社会で働く姿と自己の将来 ●ものづくりのおもしろさや工夫と生活の発展 ●生命の不思議さと，素晴らしさ ●町の自然を生かしたものづくりと人々の思いや願い

評価の言葉（例）	
知識・技能	●身につける ●結びつける ●比較する ●新しい考えをもつ ●共通する部分を見つける
思考・判断・表現	●課題を設定する ●解決のための方法を考える ●方法を工夫する ●計画を立てて，解決の見通しをもつ ●情報の集め方がわかる ●複数の情報をまとめる ●伝える，表現する
主体的に学習に取り組む態度	●進んで○○する ●他者と協力しながら問題を解決する ●自分のよさや成長に気づく ●友達のよさに気づく ●自分の考えを積極的に述べる ●相手を考えて伝え合う ●粘り強く取り組み，学習を調整する

◇　学校から出るごみとその行方について調べる活動では，社会科で学んだごみの行方をもとにして，その処理には多くの税金が使われているという問題に着目することができました。

◇　「特産品を生かした町おこし」についての発表会で，わかりにくい内容については，聞き手の反応を見ながらゆっくりていねいに説明をすることができました。

◇　「世界の米づくりとそれを広める人々の取り組み」の学習で，友達の考えをしっかり聞いて受け入れ，調べる内容を明確にし，解決の見通しをもって情報を収集することができました。

◇　外国の暮らしを調べる活動で，いちばん疑問に思ったことを課題に設定し，表やグラフを使ってわかりやすく資料にまとめました。情報を活用する力が向上しています。

◇　「ペットボトルのリサイクル」について，市役所の人や再生工場の人から話を聞いて，資料をわかりやすくまとめました。また，そのほかのリサイクルにも視野を広げるなど，多面的に考える力が身についています。

◇　「暮らしやすいまちづくり」の学習で，聞き取り調査をしたとき，相手の意見を尊重しながら自分の考えを深めることができました。自分の生活と関連づけて考える態度が見られました。

◇　「食品の輸入と健康な暮らし」の学習で，安全な食材について自分の考えをもつことができました。調べた知識を生かし，論理的に考える力が向上しています。

◇　「日本各地の郷土料理」についての学習で，料理とその地域の気候や風土，農産物との関係を視点として課題を設定しました。調べたことを地図や写真なども使い，わかりやすくまとめる力がついています。

1. 現代的な諸課題に対応する横断的・総合的な課題

(1) 知識・技能

▶所見のポイント

- 現代的な探究課題の解決を通して，他教科および総合的な学習の時間で習得した知識や技能を比較し関連づける
- 習得した知識や技能を比較し関連づけて，共通する部分を見つける
- 共通する部分から新しい考え（概念）をもつ

◇ 地域に暮らす外国人の食文化について，飲食店へのインタビューを行い調べました。世界の国の料理はさまざまですが，それを作る人々には共通する思いや願いがあることに気づくことができました。

◇ 確かな情報を発信する人々について調べる学習で，身近な新聞を使って調べました。国語の授業で学習したことをもとにして，編集長の思いや願いをくみ取ることができました。

◇ ごみに関する情報をインターネットや本を使って調べました。社会科で学習したことと関連づけて，今，日本が抱えている問題に気づくことができました。

◇ 高齢者の介護について，地域の家庭で聞き取り調査を行いました。調査を通して，生活するうえでの困難さを知り，社会科で学んだ「バリアフリー」との関わりに気づきました。

◇ 日本食の店が減ってきていると知り，自分たちの暮らす地域の状況を知るために地域の商店街を調査し，わかったことをグラフにわかりやすく整理することができました。

(2) 思考・判断・表現　▶所見のポイント

- 現代的な課題に関して，探究する課題を設定する
- 解決のための方法を考える
- 集めた情報のなかから必要なものを選ぶ
- まとめたことを相手にわかりやすく伝える
- 集めた情報を比較したり関連づけたりして整理する

◇　地域に住む外国の人々と仲良くする第一歩として「あいさつを考える」という課題を設定しました。身近な生活のなかから課題を発見する力が育っています。

◇　受け取った電子メールに気持ちが傷つけられる言葉があった体験をもとに，「電子メールを書くときに必要なマナーとは何か」について課題を設定しました。

◇　「ごみの分別収集」というテーマで，分別の仕方とリサイクルとの関係を，市役所や再生工場のホームページを探して調べました。集めた情報を友達の情報と比較し，整理することができました。

◇　地域に暮らす外国人と交流したことをきっかけに，「英語を使って会話をしたい」という願いをもちました。「地域案内を英語でしよう」という課題を設定し，課題解決へ向けて活動することができました。

◇　「みんなにやさしい駅前プラン」の学習で，障害のある人の意見を取り入れるために，インタビューやアンケート調査によって情報収集をすることができました。よりよい解決方法を取捨選択する力が向上しています。

(3) 主体的に学習に取り組む態度　▶所見のポイント

- 現代的な探究課題の解決を通して，自分のよさや成長に気づく
- 粘り強く取り組み，学習を調整する
- 自分の考えを積極的に述べる
- 友達と同じ目標に向かって，協力して取り組む
- 学んだことをもとにして，よりよい社会をめざして自分にできることを行う

◇　他地域の学校との交流で，自分たちのまちの紹介をするのにふさわしい方法を考え，ビデオレターづくりを提案し，友達と協力して作成することができました。

◇　「暮らしやすいまちづくり」に関するアンケートづくりで，友達と何度も話し合いながら，調べたいことが正確に読み取れる内容となるような調査項目を作り上げることができました。

◇　「インターネットのマナー」について調べる学習を通して，自分の今までのマナーを振り返り，言葉遣いに気をつけるようになりました。言葉遣いに注意して，電子メールを書くことができるようになっています。

◇　ごみの分別回収についての調査に取り組んだことで，家庭での分別を確実に行うようになったという変化を発表しました。学習したことを日常の生活に生かそうとする態度が見られます。

◇　高齢者との交流を通して，地域に住む高齢者に対してあいさつできるようになったということを報告書に書きました。交流活動前の自分と比べ，できることが増え成長していることに気づくことができました。

2. 地域や学校の特色に応じた課題

(1) 知識・技能

▶所見のポイント

- 地域に関わる探究課題の解決を通して，他教科および総合的な学習の時間で習得した知識や技能を比較し関連づける
- 習得した知識や技能を比較し関連づけて，共通する部分を見つける
- 共通する部分から新しい考え（概念）をもつ

◇　2年生のときのまち探検を思い出し，まちの特産品について調べました。学習を通して，特産品を作る人と地域のよさを伝える人には「よりよい地域をつくっていこう」という共通の思いがあることに気づきました。

◇　防災について校内の備蓄倉庫に何があるかを調査しました。算数で学んだことを生かし，正の字を書いて水や毛布の数を調べました。算数で学習したことが別の学習のなかで使えるということに気づきました。

◇　地域の特徴から起こりうる災害について調べました。地震が起きやすい地域であることがわかると，避難訓練で学んだ身の守り方が活用できると考えました。これまでの学習と結びつけることができました。

◇　昔からある地域の古い建物に興味をもち，調べ学習をスタートしました。市役所のまちづくり課へ電話をするときには，「電話のかけ方」を思い出し，ていねいな言葉遣いで質問をすることができました。

◇　地元発祥の野菜を作る農家が減少していることから，その野菜を生かした料理を給食で提供してもらえるよう考えました。給食はバランスを考えることが大切であることを思い出し，健康によいメニューを考えました。

(2) 思考・判断・表現　▶所見のポイント

- 地域に関わる探究課題を設定する
- 解決のための方法を考える
- 集めた情報のなかから必要なものを選ぶ
- まとめたことを相手にわかりやすく伝える
- 集めた情報を比較したり関連づけたりして整理する

◇　地域の伝統的な祭りについて，町内会の人々にインタビューを行いました。インタビューしたことをもとに自分たちにできる活動を考えることができました。

◇　「まちの自慢調べ」の学習で，地域の自慢できるものは何かという課題を見つけ，インタビューをしたりアンケートを取ったりして調査をしました。調べた結果から，新しい課題を見つける力もついています。

◇　「まちの商店街調べ」の学習で，商店の方々から話を聞き，多くの情報を集めました。自分と友達の集めた情報を比較し，共通点を見つけ，必要な情報を選択することができました。

◇　まちの公園の池に着目して学習を行いました。池の中に多くの生き物がいることに疑問をもち，市役所の公園課の方に質問をしました。これまでに調べてきたことをもとに，わかりやすく質問することができました。

◇　「まちの特徴調べ」で，地形に着目して学習を進めました。実際に歩いたり地図を見たりして調べ，地形を立体的に表すことを目的にして活動を進めることができました。

(3) 主体的に学習に取り組む態度　▶所見のポイント

- 地域に関わる探究課題の解決を通して，自分のよさや成長に気づく
- 粘り強く取り組み，学習を調整する
- 自分の考えを積極的に述べる
- 友達と同じ目標に向かって協力して取り組む
- 学んだことをもとにして，よりよい社会をめざして自分にできることを行う

◇　地域の行事について調べる活動で，行事には多くの人々が関わり，その人たちが大切に受け継いできたことを知りました。地域の一員として，行事を守っていきたいという思いをもつことができました。

◇　「まちのおすすめ」を調べる学習で，商店街や公共施設へ行って調査をしました。友達と協力して情報の整理をし，自分にはない新しい情報を得ることで，友達と一緒に学習することの大切さを学ぶことができました。

◇　学習成果をたくさんの人に知らせたいという気持ちから，同じ考えの友達と「わがまち自慢パンフレット」を作ることを計画しました。友達と協力して解決する力がついています。

◇　「森林を守る活動調べ」の学習で，友達と繰り返し意見交換を行いながら調査を進めることができました。友達の意見のよいところを受け入れながら，自分の考えや意見をよりよいものへとつくり上げていこうとする力が向上しています。

◇　調べ学習をきっかけに知り合った学校と，定期的に情報を交換しながら交流を深めることができました。相手に積極的に意見を伝える力が身についています。

3. 児童の興味・関心に基づく課題

(1) 知識・技能

▶所見のポイント

- 興味・関心に基づく探究課題の解決を通して，他教科および総合的な学習の時間で習得した知識や技能を比較し関連づける
- 習得した知識や技能を比較し関連づけて，共通する部分を見つける
- 共通する部分から新しい考え（概念）をもつ

◇ 大好きな昆虫について調べる学習で，理科で学習したことをもとに，昆虫とそうでない生き物とに分類することができました。また，植物と昆虫はともに，命が繰り返されているという連続性にも気づきました。

◇ 「よりよい生活をするためのロボット」を考えるために，ものづくりを行っている企業に依頼をして参考資料を取り寄せました。調べていくなかで，ものづくりに対する人々の思いに気づくことができました。

◇ 「公園花いっぱい作戦」では，植物も命が受け継がれているという知識を活用して，種を植えるタイミングを考えることができました。専門家に相談をして，季節に合った植物を植える計画を立てました。

◇ 学校を支えてくれている地域や市役所について調べ学習を進めました。地域や市役所の人だけではできることに限りがあり，自分たちも学校の一員としてよりよい学校づくりをする必要があることに気づきました。

◇ 「名産品を作ろう！」では，全国に誇れる自慢の品を開発する活動を行いました。これまでの学習を生かし，自分の好物ではなく地域の人々の意見を取り入れた食材を使った名産品を考えました。

(2) 思考・判断・表現 ▶所見のポイント

- 興味・関心に基づく，探究する課題を設定する
- 解決のための方法を考える
- 集めた情報のなかから必要なものを選ぶ
- まとめたことを相手にわかりやすく伝える
- 集めた情報を比較したり関連づけたりして整理する

◇ 地域の子育て環境について，近所の保育園や幼稚園に聞き取り調査を行うなど，課題解決のためにふさわしい方法を考える力が伸びました。地域の子育て環境のよい点，不十分な点についてわかりやすくまとめました。

◇ 「人気のゲームと使われ方調べ」の学習では，校内でアンケート調査を行い，人気のゲームを柱状グラフに表しました。そのなかで，使用時間の長さに問題があることに気づき，新しい課題を設定することができました。

◇ 地域や学校のよさを伝えたいという思いをもち，調べたことを簡単な動画にまとめました。その動画を，インターネットを活用して世界に発信しました。

◇ 「ロボット」について集めた資料を，コンピュータを使って表やグラフにまとめて，わかりやすく発表しました。資料を効果的にまとめて発信する力の高まりが見られます。

◇ 学級のホームページづくりで，発信する情報を適切に選んで，伝えたいことをわかりやすくまとめることができました。複数の情報をまとめる力が伸びています。

(3) 主体的に学習に取り組む態度　▶所見のポイント

- 興味・関心に基づく探究課題の解決を通して，自分のよさや成長に気づく
- 粘り強く取り組み，学習を調整する
- 自分の考えを積極的に述べる
- 友達と同じ目標に向かって協力して取り組む
- 学んだことをもとにして，よりよい社会をめざして自分にできることを行う

◇　オリンピック・パラリンピックで知った国に興味をもち，調べ学習を進めました。その国の文化を知るとともに，自分たちの文化の尊さにも気づき，これからも大切にしていこうという思いをもつことができました。

◇　校内の樹木や草花に興味をもち，１年間を通して粘り強く観察し，わかったことを工夫してポスターにまとめ，発表することができました。わかりやすいポスターに仕上げるため試行錯誤を重ねるなど，よりよいものに高めていこうとする力が育っています。

◇　交流のある外国の小学校の児童と，あいさつや簡単な自己紹介を英語で行い，交流を図ることができました。いろいろな友達と積極的に意思疎通を図ろうとする態度が育っています。

◇　「長生きの秘訣」を調べる学習では，活動するのに役立つ情報を的確に選択して意見をまとめました。学習したことを自分の考えに反映させようとする態度が見られます。

◇　地域を流れる川を調べる学習では，昔と比べて水量や川岸の植物が減っていることを知りました。自然を守る取り組みを実践していくと，発表会で報告することができました。

第7章

特別活動［領域・観点別］

1 学級活動
2 児童会活動
3 クラブ活動
4 学校行事

＊凡例
- 知 知識・技能
- 思 思考・判断・表現
- 主 主体的に学習に取り組む態度

1. 学級活動

1. 学級や学校における生活づくりへの参画

(1) 学級や学校における生活上の諸問題の解決 ▶所見のポイント

- 友達の意見を聞き，自分の考えをもって話し合いに参加する知
- 学級の一員としての自覚を深め，進んで発言する思
- 学級生活の向上のために，協力して問題を解決する主

◇ 話し合い活動に積極的に参加し，自分の考えを話すことができました。発言のときには，友達の意見をよく聞いて，どうすればよいかを考えて発言しました。知

◇ 話し合い活動で，自分の考えと友達の考えの共通点や違う点を比べながら考え，自分もみんなも納得できる意見を発言しました。思

◇ 学級生活上の課題に関心をもち，友達と協力して解決していこうとする態度が見られました。主

(2) 学級内の組織づくりや役割の自覚 ▶所見のポイント

- みんなのために，役割意識をもって係の仕事をする知
- 進んで計画を立て，積極的に係の責任を果たす思
- 協力しながら，楽しく仕事を工夫する主

◇ デコレーション係になり，教室をいつも美しくするように，同じ係の友達と協力して活動しました。壁面に季節の飾りを貼ったり，ポスターを掲示したりして，学級生活の向上に力を発揮しました。知

◇ 新聞係として，進んで活動しました。学級の友達に「書いてほしい記事」のアンケートを行い，みんなが読みたくなる紙面づくりをすることができました。思

◇　学級の係を決める話し合いで，自分がしたい仕事だけを考えるのではなく，学級の役に立つような係を考え，進んで受け持ちました。学級生活をよりよくしようとする意識が高まっています。[主]

(3) 学校における多様な集団の生活の向上　▶所見のポイント

- 縦割り班の活動で，役割の責任を果たす[知]
- 集団の一員としての自覚をもち，協力して活動する[思]
- 全校のレクリエーション集会を楽しみ，進んで参加する[主]

◇　縦割り班で行う全校遠足で，高学年のリーダーに協力し，低学年の安全に気をつけたり，世話をしたりして，中学年としての役割を果たしました。[知]

◇　運動会のスローガンづくりで，全校が一丸となれる文言を考え，発言しました。代表委員会の話し合いで意見が採用され，運動会の開会式で発表されました。[思]

◇　「○○小子どもまつり」では，意欲的に参加し，友達と仲良く協力して担当の仕事を行いました。楽しい集会にしようとがんばる姿に，集団の一員としての自覚が表れていました。[主]

2. 日常の生活や学習への適応と自己の成長及び健康安全

(1) 基本的な生活習慣の形成　▶所見のポイント

- 適切な授業態度や学習習慣，言葉遣いを身につけている[知]
- 学校生活のきまりを守り，節度ある生活を送る[思]
- 自己の生活を振り返り，課題をもつ[主]

◇　授業のあいさつや学習道具の準備など，基本的な生活習慣が身についています。言葉遣いがていねいで，友達に対し「○○さん」と，敬称をつけて呼びかけることができます。[知]

◇　雨の日の遊び方について，自分の考えを進んで発表しました。図書室の利用やカードゲームの使い方などを確認し，みんなが気持ちよく過ごすためにはどうしたらよいかを考えられました。思

◇　「連絡事項をメモしないと忘れ物をする」ということを，体験を通して自覚し，連絡帳を書く習慣が身につきました。そのため，忘れ物がほとんどなくなりました。主

(2) よりよい人間関係の形成　▶所見のポイント

- 友達のよいところを認める知
- 友達の気持ちを考え，譲り合う心で行動する思
- 友達と互いに協力し合い，仲良く活動する主

◇　帰りの会で，みんなが気づかないところを進んで掃除していた友達を「今日のキラキラさん」として発表しました。友達のよさに気づき，素直に称賛することができました。知

◇　思いやりの心をもち，常に相手の立場に立って行動しました。みんなが楽しく生活できるようにする心遣いができます。思

◇　休み時間に学級のみんなと，レクリエーション係が考えたドロケイやＳケンなどの集団遊びを楽しみました。チームの友達と作戦を考え，協力して活動していました。主

(3) 心身ともに健康で安全な生活態度の形成　▶所見のポイント

- 服装や衛生に注意して生活する知
- 校内や校外での安全に気をつけて生活する思
- 健康に気をつけて生活する主

◇　季節にふさわしい服装の調節やうがい，手洗いなど衛生や健康に注意する習慣が身につきました。外から教室に入るときのうがい，手洗いを忘れずにできました。知

◇　全校遠足で，下級生の歩き方や並び方に注意を払い，安全な行動について優しく教えることができました。道路標識やガードレールなど，交通安全に関わる設備の意味を理解し，安全に生活しようとしています。恩

◇　防災学習で，地震発生時の行動について関心をもって学んでいました。自宅や通学路上など，さまざまな場面での行動の仕方を学び，もしもの時には実践しようという気持ちをもちました。主

(4) 食育の観点を踏まえた学校給食と望ましい食習慣の形成 ▶所見のポイント

- 協力して衛生的に給食準備や片付けを行う知
- マナーに注意して，楽しく食事をする思
- 健康によい食事のとり方を考え，実践する主

◇　給食準備の時間は，素早く準備を済ませ，おしゃべりせずに配膳を行っています。衛生的に給食を準備することの大切さを理解し，行動することができています。知

◇　箸の使い方や食器の持ち方など，食事のマナーに気をつけて，給食を食べています。一つ一つのマナーの意味を栄養教諭から教わり，それらを守って楽しく食事をしたいという気持ちが高まりました。思

◇　給食で，苦手な食べ物も残さずに食べ，バランスよく栄養をとろうと努力しました。このように健康に気をつけた生活を送り，今学期は風邪をひくこともなく元気に過ごすことができました。主

3. 一人一人のキャリア形成と自己実現

(1) 現在や将来に希望や目標をもって生きる意欲や態度の形成 ▶所見のポイント

- 自分を見つめ，自己の課題を見つける知
- 友達の思いを取り入れて考える思
- 生活や学習に対して，目標をもって努力する主

特別活動

◇　長所を見つけ合う学級活動の時間に，友達と互いに長所を伝え合ったところ，自分では気づかなかった「やさしさ」という長所に目を向けることができました。それをいっそう生かそうとすることができています。知

◇　学級のめあてを決める話し合いで，自分の意見だけでなく，友達の意見を取り入れて考えることができました。思

◇　自分の学習上の課題を見いだし，常に目標をもって学習に取り組みました。向上心あふれる態度が，学習の成果にも表れています。主

(2) 社会参画意識の醸成や働くことの意義の理解　▶所見のポイント

- 掃除当番で，みんなが使う校舎などをきれいにする目的を理解する知
- 工夫して飼育や栽培などの当番活動を行う思
- 給食当番の仕事の責任を自覚し，衛生や食育の考えを実践している主

◇　掃除当番で，分担した場所をみんなのためにきれいにしようという気持ちをもち，当番の友達と協力して責任を果たそうと努力していました。働くことの意義を理解しています。知

◇　学級で飼っている金魚の世話を，忘れずに行いました。生き物に対して誠実に向き合い，自分の役割をしっかりと果たすことができました。思

◇　給食当番として，清潔に気をつけ，進んで仕事ができました。当番の仕事の大事さを自覚するとともに，当番の友達と協力して責任を果たそうとしていました。主

(3) 主体的な学習態度の形成と学校図書館等の活用　▶所見のポイント

- 学校図書館やICT機器を活用して，必要な情報を得る知
- 学習の見通しを立てて，調べ学習に取り組む思
- 日常的に本に親しむ主

◇　学習や日常の読書に学校図書館やICT機器を積極的に活用しました。とくに，教科や総合的な学習の課題について，調べ方に進歩が見られました。知

◇　図書の分類法を理解して，必要な本を探すときに活用しました。社会，理科分野の調べ学習で，辞典，図鑑，年鑑などの本を利用することが多くなり，分類の数字から見つける便利さを実感しました。思

◇　さまざまな分野の本を読み，本の世界に親しんでいます。読書週間では，おすすめの本を紹介する活動に進んで取り組み，好きな本を学級の友達に伝えました。主

2. 児童会活動

(1) 児童会の組織づくりと児童会活動の計画や運営　▶所見のポイント

- 委員会に所属し，高学年児童の補助的な仕事を協力して行う知
- 児童会の年間計画を決めるとき，中学年のまとめ役として活動する思
- 学級の代表委員として，代表委員会で学級の提案や意見を伝える主

◇　代表委員会の一員として，あいさつ運動に取り組みました。登校時に，校門前，玄関，階段の踊り場など役割を分担し，元気なあいさつをすることができました。知

◇　児童会の年間活動計画を立てるとき，学年の意見をまとめて代表委員会に伝える役目を自主的に進めることができました。思

◇　学級の代表として，代表委員会に参加しました。代表委員会で学級の意見を発表したり，逆に代表委員会の話し合いの内容を学級に伝えたりすることを確実に行い，その責任を果たしました。主

特別活動

(2) 異年齢集団による交流　▶所見のポイント

- 児童会集会活動で，学年や学級の意見をまとめる係を受けもつ知
- 中学年の読書発表会で，自分がよいと思った本の紹介をする思
- 縦割り清掃活動で，高学年に協力し，低学年の世話を自発的にする主

◇　児童会が行う全校ゲーム大会で，中学年の係に選ばれました。3・4年生が提案するゲームの進行役やリーダーの仕事を進んで引き受け，みんなで楽しめるように工夫したり世話をしたりしました。知

◇　低・中・高学年に分かれて開かれた読書発表会で，○○さんは，自分がよいと思った本の内容や感想を表にまとめて示しながら発表しました。みんなに伝えたい，読んでもらいたいという気持ちが表れていました。思

◇　縦割り清掃活動で，ほうきの持ち方や掃き方を1年生に優しく教えていました。高学年のリーダーと協力して，全員で掃除に取り組むことができました。主

(3) 学校行事への協力　▶所見のポイント

- 学校行事の意義を理解し，工夫して活動に取り組む知
- さまざまな学校行事で，自分の持ち味を生かし，役割を果たす思
- 学校行事に進んで協力し，楽しむ主

◇　全校遠足のオリエンテーリングで，1年生から6年生までが楽しめるようなゲームを考え，活動しました。縦割り班の上級生と協力して，楽しい行事をつくることができました。知

◇　1年生を迎える会で，自分のできることを考えて希望した装飾係として，友達と協力しながら役割を果たしました。1年生が学校は楽しいと感じるような飾り付けをすることができました。思

◇　運動会で，全校ダンスを進んで行うことができました。みんなで心を合

わせて踊ると自分も楽しいという気持ちが育っています。主

3. クラブ活動

(1) クラブの組織づくりとクラブ活動の計画や運営　▶所見のポイント

- 自分がやりたいことを進んで発表する知
- みんなで楽しく活動できるように工夫する思
- 活動に必要な役割を考え，分担して仕事を行う主

◇　カメラクラブの活動に興味・関心をもち，友達と協力しながら意欲的に活動しました。どんな写真が撮りたいかを積極的に発言し，活動計画を立てられました。知

◇　バスケットボールクラブでは，上級生と協力してチームの技術向上に貢献しました。パスやドリブル練習など，苦手なことを重点的に練習し，チームワークもよくなり，楽しく活動できました。思

◇　バドミントンクラブの活動に意欲的に参加しました。初心者のサーブ練習の手伝いをしたりアドバイスをしたりするなど，バドミントン経験者として，進んで活動しました。主

(2) クラブを楽しむ活動　▶所見のポイント

- 自分や友達のよいところに気づく知
- 計画をもとに，協力して活動する思
- 活動内容に興味・関心をもち，楽しむ主

◇　球技クラブの活動で，「ナイスシュート！」「ドンマイ！」と，称賛や励ましの声かけをたくさんすることができました。振り返りの時間も，友達のがんばっていたところを進んで発表しました。知

◇　料理クラブで，計画の見通しをもって活動に取り組みました。班の友達と協力して新メニューを作り，楽しく調理することができました。思

◇　手芸クラブで，積極的に活動内容の提案をし，楽しんで活動しました。作ったティッシュケースをほかの学年の友達とも見せ合い，感想やアドバイスを伝え合いました。主

(3) クラブの成果の発表　▶所見のポイント

- 活動の成果を的確に発表する知
- 発表をめざし，成果をまとめる思
- 発表会で，分担した役割を進んで行う主

◇　天文クラブの発表で，月の観察発表を担当しました。わかりやすい発表にするためにグループで相談したことを，十分に生かして発表しました。資料を提示しながら，はっきりした話し方ができました。知

◇　まんが・イラストクラブで作った作品を，教室や校内に掲示しました。友達と協力して描いたまんがを壁新聞に仕上げ，発表することができました。思

◇　クラブ発表会では，ダンスクラブのダンスを発表しました。1年間の練習の成果を生かし，元気いっぱいに踊ることができました。主

4. 学校行事

(1) 儀式的行事　▶所見のポイント

- 儀式の目的や意味がわかる知
- 儀式の目的にふさわしい気持ちで参加する思
- 落ち着いた態度で参加し，行動する主

◇　離任式では，お世話になった先生への手紙を読み，記念品を手渡しました。楽しかった思い出や心に残った言葉を紹介し，感謝の気持ちを伝えることができました。知

◇　始業式や運動会の開会式に，真剣な表情で参加し，きちんと話を聞いて

いました。改まった場にふさわしい態度で参加することができました。思

◇ 月曜日の朝会での態度は，並び方や姿勢などに集団の一員としての自覚が表れていました。講話のときは，話し手の方をしっかり見て，大事な事柄を落とさずに聞くことができました。主

(2) 文化的行事

▶所見のポイント

- 学習の成果を表現し，努力を認め合う知
- 美しいもの，よりよいものにふれ，楽しむ思
- 自分の成長を確かめ，さらに伸ばそうとする主

◇ 学芸会の劇で役を演じるとき，気持ちや人柄を考えて動作やせりふの工夫をしました。とくに，せりふの言い方は，声の大きさや速さ，間のとり方など，音読の学習の成果を十分に生かすことができました。知

◇ 音楽鑑賞教室で，世界の音楽にふれました。楽器紹介コーナーでは，代表として世界の楽器を演奏し，プロの音楽家との演奏を楽しむことができました。思

◇ 展覧会のグループ制作では，自分の力を出し切って意欲的に制作しました。よりよい作品にしようと，友達と協力しあいながら工夫していました。主

(3) 健康安全・体育的行事

▶所見のポイント

- 災害や事件・事故から身を守る方法を知る知
- 自分の発育や健康状態に関心をもち，心身の健康の増進に努める思
- 運動に親しみ，楽しさを味わう主

◇ 教室以外の場所での避難訓練でも，落ち着いてその場に合った避難行動をとることができました。災害から自分の身を守ることの大切さを理解しています。知

◇　自分の体の育ち方や健康の様子に関心をもち，うがいや手洗いを忘れずに行いました。定期健康診断や身体計測の目的をよく理解し，結果を生活に生かそうとしています。[思]

◇　日頃から，体力の向上をめざしてなわとびや持久走に取り組んでいました。マラソン大会前は，休み時間に友達と励まし合って走る姿が見られました。その努力がタイムの短縮につながりました。[主]

(4) 遠足・集団宿泊的行事　▶所見のポイント

- 集団生活で，基本的な生活習慣や公衆道徳を身につける[知]
- 互いを思いやり，協力して集団生活を送る[思]
- 自然や文化にふれ，見聞を広げる[主]

◇　遠足で，友達と仲良く遊び，昼食もグループで楽しく食べました。食べたあとのゴミを残さず，きれいに片付けることができました。行き帰りのバスの中でも静かに過ごしていて，集団行動が身についていました。[知]

◇　全校遠足で，帰り道に疲れた様子の１年生を励ましました。高学年の人と一緒に歌ったり，しりとりをしたりしながら，最後までみんなで楽しく歩くことができました。互いを思いやり，助け合うことができました。[思]

◇　遠足で行った○○博物館では，さまざまな展示物を興味深く見学しました。身近な野生生物のコーナーでは，自分が見つけたことのある昆虫を調べ，友達に紹介していました。[主]

(5) 勤労生産・奉仕的行事　▶所見のポイント

- 働くことの大切さや喜びがわかる[知]
- 進んでほかの人に奉仕しようとする気持ちをもつ[思]
- 自分ができることを見つけ，積極的に働く[主]

◇　全校草取り，大掃除などの働く行事の意義をわかっています。一生懸命に働いたあと，がんばったからきれいになったという達成感を味わうこと

ができました。心をこめて働く喜びを理解しました。知

◇　縦割り班で公園の清掃活動をしたとき，ほかの学年の人たちと力を合わせて一生懸命に雑草を取りました。みんなの使う場所をきれいにすることの大切さ，気持ちよさを感じ取ることができました。思

◇　全校で行う一人一鉢運動で，心をこめて菊の花を育てました。上級生から教わってていねいに水やりや肥料やりなどの世話を行い，秋には大輪の花を咲かせることができました。主

第8章

学校生活の様子 [指導要録「行動」の項目別]

1 基本的な生活習慣
2 健康・体力の向上
3 自主・自律
4 責任感
5 創意工夫
6 思いやり・協力
7 生命尊重・自然愛護
8 勤労・奉仕
9 公正・公平
10 公共心・公徳心

(1) 基本的な生活習慣

▶所見のポイント

- 安全に努める
- 物や時間を有効に使う
- 礼儀正しく節度のある生活をする

◇ 朝の会の連絡で，「休み時間になると教室を飛び出していく人がいるので落ち着いて行動しましょう」と，気のゆるんだときに事故が起きやすいことを学級に呼びかけ，安全に努めることができました。

◇ 自分の物でもみんなの物でも，使ったら必ず元に戻す習慣がついています。机やロッカーの中をきちんと整理し，物を大切に使っています。

◇ 「時間を守ろう」という学級のきまりをよく守り，規則正しく過ごすことができました。休み時間には大いに遊び，チャイムが鳴ると切り替えて，授業の準備をすることができました。

◇ 職員室に入るときには，「失礼します。□年□組の○○ですが，△△先生はいらっしゃいますか」とていねいに話し，相手や場に応じた言葉遣いをすることができました。

(2) 健康・体力の向上

▶所見のポイント

- 心身の健康に気をつける
- 運動をする習慣を身につける
- 元気に生活する

◇ マスクを正しく着用し，教室の換気に気を配ったり，手洗いやうがいをこまめにしたりするなど，日常的に健康に気をつけた生活がきちんとできています。

◇ 休み時間になると，必ず外へ出てなわとびの二重とびを練習した努力が実を結び，○○回も跳べるようになりました。なわとびの練習がきっかけとなり，元気に外へ出て運動する習慣が身につきました。

◇　給食では「苦手な物は先に食べた方がいいよ」と，食べ物の好き嫌いに打ち勝つ工夫を一生懸命に実践し，自分だけでなく友達も巻き込んで心身の健康に気をつかうことができました。

◇　家庭学習週間チェックカードの振り返りでは，食事や睡眠を十分にとることで授業や家庭学習への集中力が高まることを感じ取っていました。規則正しい生活を送ろうとする態度が認められます。

(3) 自主・自律　▶所見のポイント

- 自分の目標をもって進んでする
- 最後までねばり強くやり通す

◇　主事が毎朝花だんに水をやっているのを見て，自分から水やりを手伝い，たくさんの花の世話をしました。自分にできることを考え，目標をもって努力するようになりました。

◇　リサイクルボックスにビニールテープがついた紙がたくさん入れられていることに気がつき，１枚１枚チェックしながらテープをはがしていました。ゴミの分別を進んで行おうという姿が見られました。

◇　運動会のスローガンを決める話し合いで，自分の意見をもつことの大切さをよく理解し，進んで話し合いに参加しました。自分の考えたことをていねいに伝えようと努力していました。

◇　自分にできそうなめあてを立て，がんばる姿が見られました。休み時間は次の学習の支度をしてから遊んだり，自宅で壁倒立の練習をしたりするなど，努力して成し遂げたことがいくつもありました。

(4) 責任感

▶所見のポイント

- 自分の言動に責任をもつ
- 自分の役割を誠意をもって行う

◇　運動会では学級の表現運動のリーダーを務め，苦手な人に手本を見せたり，ペアを組んで互いに見合ってアドバイスしようと提案したりするなど，自分の役割に誠意をもって行う姿に成長が認められました。

◇　連絡当番として，登校したらすぐにその日の時間割マグネットを貼り直したり，専科の教師と確認した持ち物の連絡をみんなに伝えたりするなど，自分のすべき仕事を責任をもって行うことができました。

◇　「係の活動を積極的にやろう」という学級目標をみんなに提案しました。その言葉に責任をもち，クイズ係のリーダーとして，週に２回はみんなを楽しませる活動を考え，欠かさずやり遂げました。

◇　掃除のときに，班長として進んで道具を取りに行き，責任をもってていねいに作業しました。机は二人で持って運ぶことなど，仕事をきまりどおりに行い，最後に掃除を終えたところまで確認することができました。

(5) 創意工夫

▶所見のポイント

- 自分でよく考える
- 課題意識をもち，工夫して取り組む

◇　学習の課題について，インターネットを活用したり図書館の本で調べたりするなど，積極的に学習に取り組みました。学び方について自分でよく考え，工夫することができています。

◇　みんなの思い出に残るお楽しみ会にしようと，班対抗の出し物合戦を学級の話し合いに提案しました。自分と学級のみんながよりよい学級生活を送るためにできることを考えて実現しようと，意欲的に取り組みました。

◇　学芸会ではダンスが主となる場面の役に立候補し，曲に合わせたリズミカルな踊りを考えました。緊迫感を出すためには表情も工夫しようと，ほかのメンバーにも提案しました。

◇　体育のポートボールのルールブックを作るとき，大事なことを落とさずにわかりやすく伝える方法を考えました。文字のほかに絵やふきだしを入れたり，色やラインのつけ方を工夫したりすることができました。

(6) 思いやり・協力

▶所見のポイント

- 相手の気持ちや立場を理解して思いやる
- 仲良く助け合う

◇　休み時間に運動の苦手な友達が外遊びの輪に入れないでいるとき，一緒にやろうと声をかける姿が見られました。相手の気持ちや立場を理解して，親切な行動をとることができました。

◇　縦割り班活動で，1，2年生の子に優しく接することができるようになりました。自分も楽しみながら，遊びのルールを教えたり，上級生から言われたことを一緒に守ろうと話し合ったりすることができました。

◇　チーム対抗リレーを行ったときに，友達がバトンパスをミスしても責めることなく励ましていました。友達と仲良く助け合って生活することができました。

◇　鉄棒運動の苦手な友達の練習を助け，ボール運動ではコツを友達に助言してもらっていました。得意なことは友達に教え，不得意なことは教えてもらおうとする，助け合いの態度に成長が認められました。

(7) 生命尊重・自然愛護

▶所見のポイント

- 自他の生命を大切にする
- 生命や自然のすばらしさに感動する

◇ 生き物係として，学級で飼っていたカブトムシの世話をこまめにしていました。えさやりや土の入れ替えなどをていねいにやり続けることを通して，小さな命を大切にしようとする気持ちが育ちました。

◇ 学校のビオトープが台風で荒れてしまったときに，倒れたアヤメを植え直したり，さくを立て直したりしました。小さな命を守り，生き物を大切にしようとする気持ちを高めています。

◇ 理科でツル植物の育ち方を観察する学習で，ツルの伸び方や育つ環境に関心が高まりました。調べながら世話をすることによって，植物が成長して花，実と変化する不思議さ，すばらしさを感じ取ることができました。

◇ マラソンでコースの土手に落ちていたごみを拾うなど，環境の美化に気をつけていました。学校の外でも変わらずに，自然環境を大切にしようと取り組んでいました。

(8) 勤労・奉仕

▶所見のポイント

- 働くことの大切さを知る
- 進んで働く

◇ エコ当番として，ごみの分別やこまめな節電を呼びかけるなど，仕事に進んで取り組みました。呼びかけを続けたことで，みんなが次第に自主的に気をつけてくれるようになり，充実感を感じていたようです。

◇ 体育の用具をグループごとに準備するとき，みんなに「運動を安全でやりやすくするため」と説明し，マットや跳び箱の位置や置き方に気を配っていました。仕事の大切さを理解しています。

◇ 「○○小まつり」が終わったあとに，不要になった道具や材料を進んでしばってまとめ，リサイクルごみ置き場まで運びました。後始末をきちんとすることの大切さを理解して行動することができました。

◇　学校の周辺道路を清掃する活動で，落ちている葉，ごみ，吸い殻などを，ビニール袋がいっぱいになるまで拾いました。自分も道路を歩く人も，みんなが気持ちよいようにと考え，一生懸命に活動しました。

(9) 公正・公平　▶所見のポイント

- 相手の立場に立って公正・公平に行動する

◇　総合的な学習でポスターを基に発表し合う活動のときに，だれの発表もよく聞いて，感想用紙には全員に一言ずつ感想を書いていました。友達と分け隔てなく協力して行動することができます。

◇　休み時間に「こおり鬼やる人は朝礼台に集合ね!」とみんなに声をかけ，だれとでも一緒に仲良く遊ぶことができました。相手の立場に立って行動する態度に成長が認められました。

◇　友達同士がけんかになったとき，穏やかに間に入り，お互いの言い分を聞いて仲直りさせることができました。両方の言い分を聞き，公平に判断しようと努める点に成長が認められます。

◇　学級活動で行った「心の表彰台」では，学級の一人一人の長所について，相手が気づかないようなよさを見つけ，カードに書き入れていました。どの人にもよさがあることを認め，だれとでも分け隔てなく接することができました。

(10) 公共心・公徳心　▶所見のポイント

- 約束や社会のきまりを守って公徳を大切にする
- 人に迷惑をかけないように心がける
- のびのびと生活する

学校生活

◇　学級で決めためあてをみんなが忘れているときに，帰りの会で改善策を呼びかけました。学級みんなで取り組もうという気持ちをもち，力を合わせてめあてを達成しようと努力していました。

◇　校外学習で電車に乗って移動をするときに，ホームではきちんと並ぶ，車内では大きな声を出さない，高齢者には席を譲るなど，社会のきまりを守って行動することができました。

◇　休み時間に，サッカーゴールを使いたそうな下級生の子に「一緒に使おう」と声をかけたり，遊ぶ場所が近すぎる子たちに場所を譲ったり，みんなの使う場所を互いに気持ちよく使おうとする姿が見られました。

◇　図書係として，学級文庫の本の貸し出しや整理の仕事を熱心にしました。自分が借りた本が破れていたときには，テープで直す姿も見られました。係の仕事を通して，公共の物を大事にする態度が認められます。

編著者

田中耕治…………佛教大学教育学部教授・京都大学名誉教授
(執筆担当：はじめに・第1部解説編第1章)

執筆者

赤沢真世…………佛教大学教育学部准教授
浅井正秀…………東京都葛飾区教育委員会学校経営アドバイザー
天野詩朗…………東京都江戸川区立清新第一小学校主任教諭
柴田さきえ………東京都中野区立桃園第二小学校主任教諭
大木めぐみ………東京都葛飾区立北野小学校主任教諭
小川和美…………東京都葛飾区小中一貫教育校高砂けやき学園
　葛飾区立高砂小学校校長
尾高正浩…………千葉県千葉市立轟町小学校校長
桂　大輔…………東京都葛飾区立木根川小学校主幹教諭
木間東平…………東京都葛飾区立柴又小学校校長
滝谷晃彦…………東京都葛飾区立住吉小学校校長
中村　圭…………東京都葛飾区立東水元小学校主幹教諭
西垣恭子…………東京都墨田区立東吾嬬小学校主任教諭
鋒山智子…………社会福祉法人花ノ木児童発達支援センター副センター長
矢島好日子………元東京都多摩市立豊ヶ丘小学校校長
渡邊梨恵…………東京都葛飾区立中青戸小学校指導教諭

(執筆担当：第2部第2章～第8章)
＊五十音順

編著者紹介

田中耕治（たなか こうじ）

佛教大学教育学部教授，京都大学名誉教授

日本教育方法学会理事，日本カリキュラム学会理事，日本教育学会近畿地区理事

主な著書に，『学力評価論の新たな地平』(1999年)，『指導要録の改訂と学力問題』(2002年)〈以上，三学出版〉，『教育評価の未来を拓く』(編著，2003年)，『よくわかる教育評価』(編著，2005年)『戦後日本教育方法論史』上・下(編著，2017年)〈以上，ミネルヴァ書房〉，『教育評価』(岩波書店，2008年)，『新しい教育評価の理論と方法』Ⅰ・Ⅱ(編著，2002年)，『学力と評価の“今”を読みとく』(2004年)，『時代を拓いた教師たち』Ⅰ・Ⅱ(編著，2005年，2009年)，『新しい「評価のあり方」を拓く』(2010年)，『グローバル化時代の教育評価改革』(編著，2016年)，『教育評価研究の回顧と展望』(2017年)，『小学校 新指導要録改訂のポイント』(編著，2019年)〈以上，日本標準〉など多数

新3観点　保護者の信頼を得る
通知表所見の書き方＆文例集 小学校 **中学年**

2020年 7月15日　第1刷発行
2024年 2月15日　第4刷発行

編著者　田中耕治
発行者　河野晋三
発行所　株式会社 日本標準
〒350-1221　埼玉県日高市下大谷沢91-5
電話：04-2935-4671　FAX：050-3737-8750
ホームページ：https://www.nipponhyojun.co.jp/

印刷・製本　株式会社 リーブルテック

ISBN 978-4-8208-0695-0

Printed in Japan
＊乱丁・落丁の場合はお取り替えいたします。
＊定価はカバーに表示してあります。